商业计划书撰写教程

主编　王万竹　王　颖　韦斐琼

微信扫码，查看更多资源

南京大学出版社

图书在版编目(CIP)数据

商业计划书撰写教程 / 王万竹,王颖,韦斐琼主编.
一南京：南京大学出版社,2023.1
　ISBN 978 - 7 - 305 - 25989 - 0

　Ⅰ.①商… Ⅱ.①王… ②王… ③韦… Ⅲ.①商业计
划一文书一写作一高等学校一教材　Ⅳ.①F712.1

　中国版本图书馆 CIP 数据核字(2022)第 134979 号

出版发行　南京大学出版社
社　　址　南京市汉口路 22 号　　邮　　编　210093
出 版 人　金鑫荣
书　　名　商业计划书撰写教程
主　　编　王万竹　王　颖　韦斐琼
责任编辑　武　坦　　　　　　编辑热线　025 - 83592315
照　　排　南京开卷文化传媒有限公司
印　　刷　南京人民印刷厂有限责任公司
开　　本　787 mm×960 mm　1/16　印张 10.5　字数 156 千
版　　次　2023 年 1 月第 1 版　2023 年 1 月第 1 次印刷
ISBN 978 - 7 - 305 - 25989 - 0
定　　价　32.00 元

网　　址:http://www.njupco.com
官方微博:http://weibo.com/njupco
微信服务号:njuyuexue
销售咨询热线:(025)83594756

前　言

随着"双创"的提出和全球创业型大学的建设步伐加快,创业教育成为高校发展的必争高地,创新意识的养成也成为培养人才的必备工作。从实践的角度来说,在企业趋于白热化的竞争中,创新的速度及其影响范围不断扩大,创业型企业开始如雨后春笋般遍布开来。近几年,我国高校毕业生剧增,就业形势越来越紧张,毕业生就业成为社会普遍关心的问题,不少高校学生放弃找工作,选择自主创业。

我国自 1998 年举办创业计划大赛以来至今,十几年间高校学生创业的热潮在全国普遍掀起,但创业之路并不平坦,高校学生的创业成功率很低,与解决就业和助推经济发展的目标尚有距离。而解决这一问题的起点或许可以从创业教育开始,一份行之有效的商业计划书是创业的重要起点和关键指南,这种实践教育可以促使学生了解、习得商业计划书的作用、结构及撰写方法,帮助学生将创意落地。

无论你撰写商业计划书的目的是什么,无论你之前是否接触过商业计划书或撰写过商业计划书,我们都希望通过这本书和你一起推开"商业计划书"这扇大门,让你明白一份好的商业计划书应该具备哪些基本条件。

一份好的商业计划书在投资人眼中要有一套清晰的逻辑,且要直面投资人的疑问。同时,一份好的商业计划书从不以篇幅取胜,越是好的项目,越是好的商业计划书,就越是简洁清晰、重点突出、一目了然。本书以投资人的眼光教你写商业计划书会让你的项目更加清晰,更加具有针对性。

同时，完善的市场调研活动是商业计划书中不可缺少的一部分。在识别创业机会之后，市场调查是整个商业计划书的基础，也是创业者在投资人或评委面前所拥有的发言权。除此之外，站在打造产品的角度去思考商业计划书撰写，你就会豁然开朗。要不要注重用户体验？要不要注意交互体验？充足的数据会让你的项目更加真实可信。细节的处理同样体现了你对项目的思考和你的用心程度。

写一份好的商业计划书是一个艰苦的过程，你可以通过这个过程更加详细、真实、全面地了解你的项目。在市场分析过程中，你可以更加确定本企业的目标市场；在运营分析过程中，你可以更加全面地了解本项目生产流程上的各个环节；在制定风险管理部分时，你可以更加充分地了解未来社会的发展趋势以及消费者的习惯，从而做到临危不乱，应变有方。

一切理论学习最终都将服务于实践，因此如何将商业计划书的理论知识运用于实践过程，写作过程中会遇到哪些问题，如何在实践中自查可能的漏洞？这些都是商业计划书撰写过程中的关键难题。基于此，本书的特色之一就是遵循了从理论到实践、用实践检验理论的一般规律。本书从商业计划书的全局出发，将其分解为模块，针对每一模块进行相关理论讲解，随后结合南京工业大学开设的《商业计划书写作实践》课程案例对撰写要点、理论重点和实践难点展开剖析。每一章都从读者的角度来设计，为了便于学生理解和进一步思考，每章分为"基础理论—写作训练—学生写作案例及问题诊断"三部分，通过学生的真实写作案例来启发大学生对于计划书相关理论的运用。

本书由王万竹、王颖、韦斐琼担任主编，王万竹负责编写第一章、第二章以及第五章、第八章的部分内容，并负责本书的总体设计、篇章结构的安排、研究工作的协调、最后的统稿修改。王颖负责编写第四章、第六章、第七章以及第八章的部分内容。韦斐琼负责编写第四章以及第五章的部分内容。此外，2017级营销专业学生王永梅和2020级营销专业学生魏子逸也参与了部分内容撰写、资料收集、案例整理等工作，他们认真严谨的态度给大家留下了深刻印象。

　　本书是江苏高校品牌专业建设工程二期项目南京工业大学市场营销专业建设的成果，也是 2021 年江苏省高等教育教改研究立项课题"师资融合·内容嵌合·机制耦合：创业型大学课程思政浸润铸魂育人体系研究"的研究成果。值此本书付梓之际，衷心感谢姚山季教授对原稿的阅读与指正，他的指正使本书的一些谬误得到及时修正。本书还受到慕语文创付晓先生和江苏万仟玖品国际贸易有限公司张开朗先生两位创投人的帮助，他们既创业又投资的丰富经历促进笔者从不同视角看待商业计划书写作，思考大学生写作商业计划书与创业者写作的不同之处。

　　此外，在本书的编纂过程中，我们借鉴、参考了国内外很多学者的有关研究成果，在此向他们表示衷心的感谢。

　　古语云："校书如扫落叶，旋扫旋生。"限于我们可能对相关文献与案例资料把握不准，可能在某些问题的理解上比较肤浅甚至存在偏差，所以本书可能在某些方面还存在不足或缺陷。我们诚恳地希望同行们、读者们斧正。

王万竹

2022 年 9 月上旬谨识于南京工业大学经济与管理学院

目　　录

第一章 绪 论

一、双创教育的时代背景

"大众创业、万众创新"最早是李克强总理在 2014 年的夏季达沃斯论坛上提出的,李克强总理的双创理念掀起了社会各界的创新浪潮,直至今日仍然对我国新时代社会发展有着不可磨灭的重要意义。

创新是推动一个国家和民族向前发展的重要力量,也是推动整个人类社会向前发展的重要力量。2015 年 3 月 13 日,国务院印发的《中共中央 国务院关于深化体制机制改革加快实施创新驱动发展战略的若干意见》中指出,创新是推动一个国家和民族向前发展的重要力量,也是推动整个人类社会向前发展的重要力量。2010 年,教育部在《关于大力推进高等学校创新创业教育和大学生自主创业工作的意见》中指出,"大学生是最具创新、创业潜力的群体之一",正式使用"创新创业教育"的表述,提出"创新创业教育是适应经济社会和国家发展战略需要而产生的一种教学理念和模式"。党的十九届六中全会发布的《中共中央关于党的百年奋斗重大成就和历史经验的决议》中指出,创新是一个国家、一个民族发展进步的不竭动力。越是伟大的事业,越充满艰难险阻,越需要艰苦奋斗,越需要开拓创新。

近年来,世界经济发展放缓,各国普遍出现经济问题,国际经济形势不稳定,外国市场的需求减弱,尤其使得传统商品的竞争压力进一步增大。要想解决这样的局面,就需要通过创新来激发国内市场的需求,通过扩大国内市场的需求来稳定经济发展,让新的技术、新的产品、新的服务引领时代的潮流。

从社会层面来说，近年经济下行的压力逐步增大，同时由经济发展引发环境问题的约束进一步加强，我们需要走高科技含量、高附加值的经济发展道路，这就需要由大众创业、万众创新来推动经济的转型和发展，推动双创，可以在最大范围内推动各种市场要素的自由流动，打破原有的不合理体制，最终达到提升经济运行效率的目的。

此外，近十年来，高校毕业生规模不断增加，从2012年的接近625万人到2022年突破1000万人，高校毕业生面临的就业压力也随之不断加大。国家已经明确，要通过创新创业带动就业机会、提高就业质量，缓解尖锐就业矛盾。高校是创新创业教育的前沿阵地，创新创业教育已成为现阶段高等教育发展的重要抓手，对于提升高校师生创新创业能力与就业水平、推动社会科技经济进步均具有重大的现实意义。可以说，时代的发展倒逼高等教育发生改变且优化各教育场所的教学体系。人们也意识到，创新创业能力对于大学生的早期发展起着至关重要的作用。

二、双创教育开展概况

在高等学校开展创新创业教育，积极鼓励高校学生自主创业，是教育系统深入学习并实践科学发展观，服务于创新型国家建设的重大战略举措；是深化高等教育教学改革，培养学生创新精神和实践能力的重要途径；是落实以创业带动就业，促进高校毕业生充分就业的重要措施。放眼国际，欧美国家早已有创新创业教育的成功探索，从哈佛大学为MBA学生开设新创企业管理课程到斯坦福大学选择创业型大学的发展路径，欧美等发达国家已经形成创新创业教育的课程体系，融入专业教育，促进地区经济发展和科技产业升级。

想培养创新创业能力，除了在实践中"做中学"之外，理论学习也至关重要。就目前而言，各高校都改革并创新了自己的教学方式，同时社会上的部分企业通过新兴的众创空间等平台为学生提供了相当一部分的双创平台,各高校也纷纷展开相关的创业项目并成立相关教育联盟,如包括上海交通大学、复旦大学等高校联合组成的上海创新创业教育联盟,由天津大学成立的宣怀学院等,以及清华大学主要通过 SRT 项目、学生科技竞赛项目、X-Lab、清华创客等不同形式不同角度的探索,建立的比较系统化的创新教育体系。

在新华社《双创教育,正确打开方式是什么》一文中提出了针对双创教育开展的三个主要观点:一是各高校设立的双创学院不是形而上学式地遍地开花,而需要真正架构出连接学校与社会的桥梁,学生通过这样的双创教育平台真正走向社会,又真正地造福社会,而这个平台也可以因学生们的成功而持续地为后人提供宝贵经验和发展指导。二是双创教育不只是某个或者某类教师的任务,而需要学校整体的共同努力,这体现为创新创业项目的引进、实践经验的积累以及足够的场地和资金支持,具体来说,当这样的平台搭建起来后,本校的学生和老师在与外界资本、创业资源的互动中都提升了自身的创新创业能力,使得有更大价值的创新氛围逐渐活跃起来,形成良好的循环可持续发展。三是通过两个具体手段,第一个手段是支持放宽本科生毕业年限,以及允许本科生保留学籍申请休学创业;第二个手段是相应的双创教育课程"进方案、进课程、进课堂、进学分",令创新创业教育的理论课程和实践课程进入学生的相关专业学习中。

三、大学生创新创业的重要性

大学生创新创业的重要性主要体现在三个方面,一是对于个人,二是对于学校,三是对于社会。

现有的教学资源和手段并不足以满足个人步入社会后知识和能力提升方面的需求,绝大部分时候,教育仅仅停留在应试层面,而非搭建学校与社会的桥梁;大学生培养创新创业意识与提升创新创业能力是当今时代的必然要求。大学生创业形式灵活多样,且不拘泥于网络。创新创业是一个动态的过程,在这个过程中,学生个人的事业心得到了增强,技能得到了培养。对个人而言,创新创业填补了传统教育的空白。

对于学校而言,拥有创新创业能力的学生是保持学校活力的重要因素之一,学校不能仅仅培养拥有考试能力的学生,而应该将学生学习的成果转化成新的创业力量,由此反馈给学校,这样既可以在创新创业成功后为学校提供充足的资金支持,又可以提供宝贵的理论实践经验,强化现有的教师资源,完善学校的双创教育模式。

对于社会而言,大学生创业有利于促进科技成果的转化,从而促进国家经济的发展;大学生创业创造了部分的就业机会,缓解了就业压力。

四、学习商业计划书写作的意义

大学生学习商业计划书写作的直接目的可能是创业融资,也可能是参加双创类比赛,实际上学习商业计划书写作的意义十分深远。如今大多数公司的产品都是项目式运作,每一个项目都需要商业计划书,这种商业计划书与为寻求风险投资的商业计划书的唯一区别可能就是项目资金的来源和筹措方式,前者主要是从公司内部和银行贷款获取项目启动资金。然而即便如此,项目负责人仍需利用商业计划书涵盖的内容游说公司高层投入足够的资源。此外,很多科技类公司、电子商务平台类公司、金融类公司如今都在推广员工创业计划,鼓励公司员工内部创业。

综合来说,学习商业计划书写作的主要意义表现在六个方面。

小链接

光大证券启动青年员工内部创业计划

2020 年 4 月 27 日,在五一劳动节、五四青年节即将来临之际,光大证券开展"奋斗的光证人最美丽"暨"追光计划"启动仪式线上直播活动。

"追光计划"(内部创业计划)是为了鼓励员工发扬创新创业精神,在现有工作岗位上发掘创业想法并付诸实践,在新的发展机遇中绽放才华。

根据此计划,员工可自主提出创业课题,组建柔性团队;公司将对优秀项目在政策、资源等方面给予支持,进行孵化。活动通过线上直播的方式开放给全体员工,场外 3 500 名员工线上观看直播,参与评论,与公司高层管理者直接交流互动。

资料来源:直播打 call,组团"劳动":光大证券启动青年员工内部创业计划,光大证券微信号,2020 - 04 - 29,有删改

(一)锻炼商业思维

有一部分大学生初次写作商业计划书时,很容易把自身视为产品或服务的"消费者",商业计划书中大部分内容可能都是服务体验类的"散文"。这显然是错误的,商业计划书是商业领域内大家的通用"语言",一定是从市场视角看待项目,如项目的受众有多大、市场规模有多大、市场增速如何、投资收益如何等。要给出这些结论,项目的逻辑起点必然是产品或服务能够解决目前的痛点。带着这个思维去看产品或服务,就是用营销的理论和模型来思考,比如云鲸扫拖机器人的核心产品就是要解决用户手洗拖布和手动拖地的痛点;云鲸扫拖机器人的形式产品就是白色的流线型外壳及其零部件;而产品保修、送货上门、零部件更换等服务则属于附加产品。这种商业思维的训练,对大学生日后参加实践,研判产品或项目的可行性大有裨益。

小链接

如何快速通过产品原型呈现想法?

很多产品经理在拿到产品需求、功能结构图、业务流程图后,依然无法设计出产品原型,此时,组织一份完善且有价值的规划,便是保证能够顺利打造出产品的"灯塔"。比画原型更重要的事:画之前想清楚要做什么?

比如说，商业计划书所描述的项目是设计一款电商产品，首先要规划的就是这款产品需要拥有的功能是什么，产品所要面向的用户是谁，页面需要包含哪些元素等，掌握这些信息后，撰写商业计划书的你会发现，设计一个产品原型也就是手到擒来的事。

市场上有很多成熟的电商产品，撰写商业计划书的你可以选择深入体验来理解电商产品页面间的功能，了解目标用户真正想要的，进而设计出符合用户需求的页面及流程。也可以使用产品原型工具"摹客RP""墨刀""Mockplus"设计互联网产品原型，除了在演示界面直观展示交互外，也可以进入编辑界面，快速掌握产品页面间的功能逻辑、业务流程、用户操作路径以及用户体验。这能为大学生撰写商业计划书提供更多的可视化图片，提升风投或评委对项目（产品）的体验感。

资料来源：佚名.如何快速通过产品原型呈现想法[EB/OL].http://www.woshipm.com/zhichang/5478467.html,2022 - 06 - 11,有删改

(二) 熟悉概念框架

商业研究领域有一些非常成熟的分析框架，比如对于项目的宏观环境分析，一般都会使用 PEST 分析模型，即政治与法律环境（Politics & Law）、经济环境（Economy）、社会文化环境（Society）、技术条件（Technology）。大学生在初次写作商业计划书时往往会生搬硬套，强行把 PEST 四个因素面面俱到。实际上，运用商业思维，这些框架都是思考的工具，比如，有些小项目中，在社会文化因素没有特别影响的前提下，只要列举出最重要的外部环境因素即可。而在一些特殊的项目中，会将该模型拓展为 PESTIN 模型，即政治与法律环境（Politics & Law）、经济环境（Economy）、社会文化环境（Society）、技术条件（Technology）、国际环境（International）和自然环境（Nature）。通过商业计划书写作，一些常见的概念框架如 SWOT 模型、波特五力模型、竞争者分析的方法不再是生硬的概念，也不是简单的用于论述题和案例分析题的框架，而是帮助商业计划书撰写者展现项目的工具，促进创新创业者深度思考。

（三）提高写作表达能力

写作表达能力是工商管理类工作岗位人员的必备技能,工作总结报告、学术研究报告、市场调查与研究报告的写作都需要使用"提出问题、分析问题和解决问题"框架,文献检索、资料查询的方法是社会科学研究的基础。商业计划书中需要撰写的内容包括环境分析与可行性研究报告、市场调查与研究报告、品牌策划报告、行业分析报告。因此,撰写商业计划书是需要一定的写作能力的。在具体撰写实践中,项目不同侧重点也有所不同,对于 To B 类项目,核心技术、生产工艺等可能是核心内容;对于 To C 类项目,商业模式和运营管理水平可能是核心内容。只有不断提高自己的写作能力,才能撰写出一份详略得当、主次明晰的商业计划书。

（四）提高沟通能力

如前文所言,写作能力是几乎所有工作岗位的必备技能。此外,大学生还要掌握与人沟通的技能和技巧,尤其是在面对不同类型的沟通对象时能快速打开沟通局面。

沟通能力指沟通者所具备的能胜任沟通工作的优良主观条件。简言之,人际沟通的能力指一个人与他人有效地进行沟通信息的能力,包括外在技巧和内在动因。其中,恰如其分和沟通效益是人们判断沟通能力的基本尺度。恰如其分,指沟通行为符合沟通情境和彼此相互关系的标准或期望;沟通效益,则指沟通活动在功能上达到了预期的目标,或者满足了沟通者的需要。

表面上来看,沟通能力似乎就是一种能说会道的能力,实际上它包罗了从穿衣打扮到言谈举止等一切行为的能力。一个具有良好沟通能力的人,他可以将自己所拥有的专业知识及专业能力进行充分发挥,并能给对方留下"我最棒""我能行"的深刻印象。

大学生撰写商业计划书后,要制作 PPT,此时就要思考如何与大赛评委或投资人面对面沟通。一般来说,当面汇报材料可能是固定的一个人,更多情况可能是要几个人轮流汇报或者几个人一起答辩。因此,需要重新编排和思考商业计划书的核心内容,这对团队成员的沟通能力也是一种挑战。

(五) 拥有客户思维

客户思维,就是思客户之所思、想客户之所想。客户思维也叫用户思维,指站在用户的角度思考问题。这里的"客户"是指我们想要进行营销(发生价值交换)的对象,不仅包括消费者,还包括投资人、评委、同事、上下级,甚至是家人。在互联网技术得到充分应用的今天,用户思维似乎在各行各业都受到了追捧。如今,客户能轻松获得自己想要的信息,互联网消除了信息不对等和地域局限,使市场竞争越来越充分,客户开始主导市场,客户的喜好决定着市场,客户市场时代真正到来。而到了职场上,大学生在工作细节上能够体现"用户思维"也是获取青睐的一个重要方面。比如,商业计划书排版是否体现"用户友好",项目设计能否解决"用户痛点",产品体验是否体现"用户友好"。因此,通过商业计划书写作训练,大学生在"做中学",能慢慢建立起"以用户为中心"的理念,从市场定位、产品研发到生产销售乃至售后服务等各个环节,从用户的体验出发,深度理解用户(见图1-1),进而将这种理念迁移至职场工作情境。

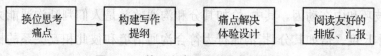

图1-1 基于客户思维的商业计划书

(六) 凝练汇报材料

在大学生学校学习的过程中,无论是课程作业汇报、学科竞赛路演,乃至毕业论文的答辩环节中,凝练汇报材料都是大学生的一门必修课。未来进入职场后,企业中的很多工作都是项目式运作,中期汇报、结项汇报也离不开对汇报材料的凝练。一份用于正式决策的汇报,要包含4个要素:事实+观点+建议+预测。具体来讲,汇报材料应包含以下几个要素:① 数据支撑事实;② 观点、建议要明确;③ 列示内容条目得当;④ 全面预测不应少。

使用 PPT 幻灯片进行路演汇报成为当下进行工作汇报的主流形式。"做好一份用于工作汇报的 PPT"也成为当代大学生不可缺少的一课。

在制作 PPT 的过程中,首先要明确的就是汇报给谁。汇报对象不同,汇报人的汇报方式也会产生差异。其次,汇报人在汇报之前需要搭建一个思维框架,建议通过思维导图转化几个重要模块再来进行 PPT 的制作。再次,填充内容的过程中,研究路线、实验设计等重要内容需要做到图文并茂,可以采用重点文字突出的形式将主要汇报内容呈现给聆听者。最后,排版设计成为汇报人在汇报时的一个重要加分项。采用一个美观的、合乎大体的排版方式会让一项汇报在评审人心目中留下更好的印象。

五、大学生学习商业计划书写作的困惑

本书的三位笔者为在校大学生开设《商业计划书写作实践》课程已有三年,每学期选课人数在 300 人左右,共计选课人数约 1 200 人。本课程累计调查了 425 名大学生,其中男性 286 人,女性 139 人。在接受调查的学生中,大一学生为 112 人,大二学生为 164 人,大三学生为 123 人,大四学生为 26 人。在课程开设之前已经有项目有关构想的学生为 173 人,没有构想的学生为 252 人。在课程中撰写商业计划书的项目构想,选择与专业知识有关的项目的有 59 人,选择与自身生活相关的项目的有 232 人,从第三方平台了解资讯从而产生项目构想的有 66 人,选择其他来源的有 24 人,所有选项均未选择的有 44 人。在问卷中设置开放式问题,经由学生填答,进而了解他们在本门课程写作中的困惑。主要困惑体现在四个方面。

(一)商科专业知识和概念不清,学习深度不够导致应用困难

在实践界,商业计划书的撰写往往是创业者提供思路、专业人士操刀。创业者在不断路演中接受投资人、律师、咨询专家、广告人等行业专家的点评,不断完善自己的商业思路和修改商业计划书,像是一个从"1"

到"100"的过程。这么做是为了减少商业逻辑漏洞,应对环境不确定性,获取投资。

大学生在最初学习自己动手制作商业计划书,更像是从"0"到"1",会碰到很多问题,这些问题和困惑往往都是比较基础的问题。换句话说,大学生在这个阶段的学习,需要有人解答和点拨。但是,在其基本概念没有理清时,去听行业专家提出的意见,就会感觉"云里雾里,不知所云",难以将其意见消化应用,如表1-1所示。

表1-1 开放式问卷调查结果之概念不清

被访者回答示例	最大的困难是经济学的一些专业术语和概念,比如写价格策略和融资分析、预算和销售策略、盈利与发展能力指标这些章节时,除了听老师讲解还要自己去学习理解这些概念,然后运用在我们的项目、产品上,并且考虑现在或者将来的市场情况,觉得很有难度
	对融资风险和融资投资方面的概念比较模糊
	产品定位不准确,分不清现实客户和潜在客户。商业模式描述模糊,层次混乱,财务规划不清晰,资金使用规划计算依据不足。有关市场前景的分析太空泛
	非经济专业的学生参与写作,背景知识了解不足,难以完成完善的写作;没有经验,有很多东西不知道该怎么做,比如公司经营模式。一些商业的专业知识最难,如税收率、一些财务表格、专业的融资计划等

(二) 个人积累不够,项目选题没有"痛点",技术转化商业困难

在实践界,创业者在实际创业之前会有对行业的深度观察和思考,他们往往是在行业相关的企业工作几年后创业。投资人也很看重创业者在行业内的工作经验和隐性的社会资本。市场痛点、行业和市场分析、运营、团队等核心内容基本没有逻辑错误,也能反映创业者的功力水平。

大学生在最初学习制作商业计划书时,一般都是小组合作式学习,小组成员共同完成一份商业计划书。加之现阶段的人才培养方案也鼓励宽

口径培养,新文科、新工科、新医科、新农科融合,在选修课程中跨专业、跨院系组队撰写商业计划书更是尤为常见。然而在选题环节,就会发现大多数学生的专业知识未能支撑他们的选题,最后只能从自身需求出发找一些与"吃喝玩乐"相关的选题。即便从专业知识出发进行选题,也难以将市场痛点、专业技术、商业转化很好地统一起来,如表1-2所示。

表1-2 开放式问卷调查结果之产品描述不清

被访者回答示例	如何想出自己最独特的产品,做一个与众不同的东西,一个产品需要吸引人,那必定是有特别的长处,有它的制胜之地
	如何将自身专业所学转化成一个具体的实际项目,如本次我们组的课题为机械领域
	最大的困难就是,由于很多东西市面上已经出现,所以想法的新颖性和创新性很难完全做到
	最大的困难就是我们自己所选的主题比较偏门,在现代社会生活中,技术还处在比较初级的阶段

(三)商业计划书框架不明,生搬硬套模板,不能紧扣主题

在实践界,创业人士在做商业计划书时,有非常明确的目的——获得风险投资或者寻求合作资源。针对不同的目的,商业计划书的框架侧重点往往不同,比如说"卡脖子"技术或者高精尖技术都侧重技术壁垒和技术优势,商业零售服务类项目侧重商业模式和运营管理,而生产性项目侧重体现生产工艺优势。

大学生接受创新创业教育,从事创新创业实践,学习制作商业计划书有助于他们自身发展。他们可以通过参加各类比赛获得投资人的关注,获得各类奖项,达成就业、保研等意愿。但是他们缺乏社会资本,没有行业经验。所以,教师团队建议将学习目标调整为培养商业逻辑,提高写作表达和沟通交流能力,进行汇报总结训练。常见的情况是,培养计划和教学进程安排决定了课程往往设置为一个学期,甚至部分选修课程为半学期,学生在写作时往往不知道写什么内容,只能生搬硬套模板,不能紧扣

主题撰写,如表1-3所示。

表1-3 开放式问卷调查结果之框架不清

被访者回答示例	困难是这是我第一次接触商业计划书写作,对于写作的一些模板还不太了解,不知道计划书中都应当包含哪些内容
	没有什么商业经验,对如何写一份完整的商业计划书并不是很清楚,还有市场的行情也并不是很了解,对自己想出来的项目所需要的成本、在市场上的价格也不是很清晰
	在写作过程中是一开始对整体布局较为困惑,不知道该如何去弄得更好。同时在写作过程中会在不同章节出现差不多的内容
	这次我认为最难的事情是把自己的想法全部表达出来。因为自己理解是一回事,说出来是一回事,写出来又是一回事

(四) 信息素养有待提升,查找文献资料范围过于狭窄

在实践界,创业者在做商业计划书时往往已经拥有多年行业工作经验,有较为稳定的信息来源,并具有一定的对行业趋势的把控能力。即便是请他人操刀制作商业计划书,他们仍然保持对行业信息的敏感度、知晓行业的关键信息来源,能迅速参透公开发布的信息对其创业项目的直接或间接影响。

而大学生虽然是"互联网原住民",但其信息素养不一定高。信息素养是人们利用信息工具和信息资源的能力,以及选择、获取、识别信息,加工、处理、传递信息并创造信息的能力[1]。在写作环境分析时在哪里查找资料,如何利用二手资料,如何提炼整合资料,这些问题归根结底都是信息素养问题。大学生缺乏相应的训练,也没有行业工作经验,往往不能在某一个项目情境中,为完成商业计划书撰写查找信息、评价信息、利用信息。为此,他们容易以"专业不符"作为"借口",阻碍其自身主动学习行为,如表1-4所示。

---

[1] 初景利,刘敬仪,张冬荣,李玲.从信息素养教育到泛信息素养教育——中国科学院大学15年的实践探索[J].图书情报工作,2020,64(06):3-9.

表 1 - 4　开放式问卷调查结果之信息利用不足

被访者回答示例	在行业分析时,最新资料比较难找,大概只能找到四年前左右的市场分析;还有随着互联网的发展,市场也瞬息万变,很难找到比较精准的资料
	最大的问题是查找资料,高中学的是文科,对商业方面涉猎甚少,商业计划书多半与科技挂钩,与我的专业不相符
	在写作中缺乏数据支撑,找不出关于自己企业的数据分析,感觉体现不出项目的核心竞争力
	查找相关数据和进行环境分析时,由于网上信息鱼龙混杂,不能进行实地考察,个人收集数据又很困难,我们很难找到准确的信息用于我们的写作实践

　　笔者们在教学过程中还发现,很多学生在写作商业计划书时要么认为自己的创意是世界上独一无二的创意;要么认为自己的创意别人都已经做过了,自己再做没有任何意义。学生往往会出现上述两种状态交替出现的情况。即从"信心爆棚"到"丧失信心"的过程。这两种状态都会干扰学生学习商业计划书写作的兴趣。殊不知,无论多么新颖的创意都在古人仰望星空时有过类似的思考,如今习以为常的点外卖就类似于《西游记》中神仙们用手指一点,美食随即出现的场景,《步步惊心》《寻秦记》等电视剧中的穿越元素亦能在"临川四梦"《聊斋志异》等作品中找到。产生创意并不是学习写作商业计划书的主要目标,围绕客户痛点产生创意才是学习目标。更为重要的是,围绕"七大问题"(详见第二章)将创意表达出来,通过文字和路演汇报,让投资人等读者看懂并产生兴趣。

　　综上所述,本书三位笔者围绕"双创"时代人才培养目标,针对大学生商业计划书撰写存在的痛点问题着手编写教材。随后的七章内容都分为"基础理论""写作训练""学生写作案例及问题诊断"三个模块展开叙述,结合小链接、思考问题框架等"工具箱",服务大学生读者的商业计划书写作和参加学科竞赛,旨在提升大学生商业计划书制作汇报的技能,进而培养其创新创业能力。

第二章 项目(企业)概述

一、基础理论

商业计划书(Business Plan,BP)是公司、团队或个人为了达到招商融资和其他发展目标,将自身的项目、产品或服务介绍给投资人,并经过对市场、行业、团队、营销、财务、风险等各方面的分析后,最终希望实现融资、寻求合作伙伴、业务并购等目的的一种文本。

(一)商业计划书写作起点

商业机会是商业计划书的写作起点,创业者通过商业计划书这种文本对商业机会进行全面阐述,为创业机会的可行性评估、投资人的投资决策提供线索和依据。商业计划书就是要带领阅读者(投资人、行业专家等)在纷繁复杂的环境中扫描、识别、诊断商业机会,去思考商业机会及成功的可能。打个比方,商业计划书的作者是一个"巫师",与所有人一同站在月球上飞向地球。商业计划书就像他手中的那只"魔棒",巫师用魔棒引导大家观察地球的生态,先锁定亚洲的方向,然后逐渐锁定中国某省某市某县某村,商业机会就是最后锁定的某村。如果没有魔棒的指引,它可能就被淹没在周围的信息之中,无法被世人识别。

管理学者们把商业机会定义为还没有被充分满足的客户需求。这里的客户可能是普通大众(个体消费者)、各类企业、非营利性组织、政府等,无论是个体还是组织都一定有没有被充分满足的需求,这些需求来自行业司空见惯的"潜规则"引发的成本高昂痛点,可能是时代变化导致的产业升级,也可能是世代更迭导致的"人"的变化。常见的创业机会如下。

1. 客户面临的长久痛点问题

客户需求是创业的逻辑起点,客户是最终实现价值创造的环节。这种客户需求可能处于显性状态,但是现有解决方案成本高昂没有可行性;客户需求也可能是处于隐性状态,客户目前尚未发觉,需要经过一段时间的市场培育。

 小链接

化工行业机器人

化工行业是工业机器人主要应用领域之一。目前应用于化工行业的主要洁净机器人及其自动化设备有大气机械手、真空机械手、洁净镀膜机械手、洁净 AGV、RGV 及洁净物流自动传输系统等。很多现代化工业品生产要求精密化、微型化、高纯度、高质量和高可靠性,在产品的生产中要求有一个洁净的环境,洁净度的高低直接影响产品的合格率,洁净技术就是按照产品生产对洁净生产环境的污染物的控制要求、控制方法以及控制设施的日益严格而不断发展。因此,在化工领域,随着未来更多的化工生产场合对于环境清洁度的要求越来越高,洁净机器人将会得到进一步的利用,因此其具有广阔的市场空间。当然,这也带来引致需求,市场需要大量既懂化工又懂人工智能的人才。

资料来源:佚名.2022 年工业机器人的 5 大应用行业[EB/OL].
https://news.ca168.com/202205/117481.html

2. 创新带来的巨大的市场空白

创新,特别是突破式创新,会给整个社会打开一片蓝海。创新本身提供了新技术、新来源、新产品、新服务等新要素,能更好地满足客户需求,同时带来了巨大的市场空白,这是绝佳的创业机会。这种类型的创新也

被称为崭新创新,比如苹果手机打开了智能手机和巨大的应用市场蓝海。如今,AI等技术发展促成元宇宙元年,各行各业都面临巨大的市场机会。

 小链接

元宇宙:一场全新的"商业机会版图"

目前来看,元宇宙最早落地的领域是游戏,游戏之所以能成为元宇宙的初级雏形,是由于游戏的试错成本最低且容错率高。如果游戏中出现bug,不会造成大规模的损失,因此非常适合作为新型技术的"试验场"。

中国移动通信联合会元宇宙产业委员会执行主任于佳宁认为:"元宇宙的发展始于游戏,但并不局限于游戏。未来,元宇宙有望将前沿数字技术进行集成创新与融合,并应用到全社会的各类场景,不仅包括远程办公、新型文创、数字社交、在线教育、在线医疗、金融科技等领域,也将在智慧城市、智能制造、产业互联、供应链管理等领域中发挥重要作用。"

事实上,当前已有诸多元宇宙相关的典型案例在实际应用场景中落地,其中大致可以分为工业、商业、娱乐、教育、医疗甚至是艺术等行业。

举例来说,在工业领域,宝马公司的高度自动化工厂使用芯片巨头英伟达开发的模拟协作技术平台Omniverse,在数字世界中搭建了真实工厂的数字孪生场景,全球的工程师、设计师都可以直接在与真实工厂环境一样的数字孪生工厂中进行协作,共同进行产品规划、设计、模拟等复杂精密的工作,加快研发与制造的速度。2021年12月,路透社报道了航空器制造商波音计划在元宇宙中打造虚拟三维"数字孪生"飞机,并开发一个能够运行模拟飞行环境的生产系统,工程师们可以在数字孪生系统中进行设计,也可以进行更为复杂和精细化的测试。

在商业领域,数字人正成为引领商业时尚的潮流。例如,超写实数字人AYAYI成为天猫超级品牌日的首位数字主理人;新华社数字记者、数字航天员小诤跟随三名航天员搭乘神舟十二号升空并发回实时报道;数

字人华智冰成为清华大学2021级数字新生;等等。

在AR购物与数字服装和潮鞋方面,Snapchat推出了服装和潮鞋的AR试穿功能,用户可以通过滤镜以虚拟方式试穿商品,并直接看到上身效果。2021年3月,Gucci也发布了虚拟运动鞋"Gucci Virtual 25",用户可以在Gucci App中通过AR的方式试穿,也可以在VR社交平台VRChat或元宇宙游戏Roblox中穿戴。

于佳宁指出,元宇宙将成为创新创业的主战场,在未来五年内也将涌现一大批新型"独角兽"企业。工业元宇宙、商贸元宇宙、金融元宇宙、教育元宇宙、文化元宇宙、大健康元宇宙等产业元宇宙的应用落地会给经济发展带来重大机遇。总的来看,在数字化转型变革需求强烈的行业,比如医疗、工业、制造业等,以及数字化程度较高的领域,比如娱乐、社交、工作、学习等领域将会率先发展。

资料来源:屈丽丽.元宇宙:一场全新的"商业机会版图"[N].中国经营报,2022-02-21(D04).DOI:10.38300/n.cnki.nzgjy.2022.000489.有删改

3. 环境引发的持续的需求变化

不断变化的宏观市场环境,如PESTIN这六类因素变化,组织和个人的市场需求必然发生变化。比如当今世界处于百年未遇之大变局,中国企业嵌入全球价值链的广度和深度决定中国制造业要不断地升级改造的需求。再比如,人口老龄化催生住房改造、家庭护理、人寿保险、健康医疗等需求。

4. 错位竞争的生态位补缺

每一个行业都是经济大生态中的小生态系统,每个行业中都有参天大树,亦有灌木丛和小草,甚至蕨类植物。比如游戏行业有《王者荣耀》这样的产品,亦有《仙剑》这类仙侠类游戏,甚至有专门针对三、四线用户的棋牌类小游戏。如果你能弥补竞争对手的某个缺陷,或填补某个小空白,这也将成为你的创业机会。

(二) 商业计划书的具体作用

商业计划书是企业向投资人或交易对象为未来发展做出的规划。撰写商业计划书,从头至尾都要坚持客户思维。一份好的商业计划书是初出茅庐的大学生进行创业、促成交易、拿到融资的关键。对于投资者而言,商业计划书能让投资人看到企业发展的潜力,从而进行投资。从客户思维来看,商业计划书本身就是一个产品(服务),其生产者为项目发起人(公司、团队或个人),其用户是读者(投资人、行业专家等),美工、编辑、PPT 设计公司等就是产品零件的代工厂。具体来说,商业计划书有以下几个作用,如图 2-1 所示。

图 2-1　商业计划书的作用

1. 获得投资

好的商业计划书是获得投资的关键,是获得风险投资的敲门砖。投资者通过深入了解商业计划书所写项目产品与服务、公司管理、营销计划、生产运营、财务计划、退出计划等,评估项目优势、潜力、运营思路、商业布局等,来观察项目是否值得投资。一份好的商业计划书将会使投资者更快、更好地了解项目,使投资者对项目有信心,最后促成投资行为发生。

2. 明晰思路

一个酝酿中的项目往往是模糊不清的,撰写商业计划书可以使创业者脑袋中的想法更加清晰明了。商业计划书中清晰地记录着创业项目的相关情况,包括短期目标和长期目标,撰写商业计划书时,创业者可以根据实际情况不断调整,使得初创项目朝着正确的方向发展。

3. 规划未来

商业计划书几乎包含了创业项目发展的全过程,为企业的发展指明了方向,也是项目后续的实施和调整的蓝本。撰写商业计划书,有利于创业者根据实际情况对项目进行评估、调整,从而使企业在激烈的市场竞争中有立足之地。

(三) 商业计划书的主要内容

商业计划书呈现的是一个周详、吸引人的项目计划,凝聚着创业者的思想结晶,闪烁着创新光芒,指明了创业项目的未来走向。它的阐述必须建立在一系列科学的假设基础之上,并需要证明导致公司成功的假设是敏感和可信的。因此,撰写一份商业计划书是一项非常复杂的任务,必须按照科学的逻辑顺序对许多可变因素进行系统的思考和分析,并得到相应结论。在思路确定下来之后,应当制定一个详细且合理的提纲,最好是按照商业计划或者业务体系进行规划。

1. 摘要和目录

摘要是整个商业计划书的精华,即商业计划书的"凤头",必须通过简洁有力的表述将创业项目的核心内容全方位地展现出来,务必引起投资者的兴趣,并能回答风险投资者心中的关键问题。一般两三页为宜。摘要作为商业计划书中最重要的一部分,一般在商业计划书主体完成后撰写。

目录可以帮助投资者快速了解整个商业计划书的内容结构、撰写逻辑,对创业项目形成初步了解;也可以帮助投资者迅速翻到感兴趣的内容。目录就像是整个商业计划书的骨骼框架,严谨的商业计划书图目录、表目录一应俱全,能够帮助阅读者快速导航到自己感兴趣的部分。

2. 公司与产品介绍

公司与产品介绍是商业计划书中较为重要的部分，投资者可以通过这一部分了解投资对象。公司介绍部分，需要给出公司的基本轮廓和基本情况，包括公司的历史、当前地位、战略发展和未来计划。产品介绍主要包括产品与服务的概念、主要产品与服务介绍、产品与服务的市场竞争力、产品与服务的市场前景预测等内容。公司和产品介绍还会涉及一些问题，如图2-2所示。

图2-2　公司和产品介绍可能涉及的问题

3. 市场与行业分析

这部分内容应该阐述公司外部直接影响因素。行业分析主要介绍创业公司所归属产品领域的基本情况，以及公司在整个产业中的地位。市场分析主要介绍公司产品与服务的市场情况，包括目标市场、市场竞争中的位置、竞争对手的情况、未来市场的发展趋势等。这一部分的撰写越详细越好，要以那些可信度高和已经证实的数据作为分析基础。市场与行业分析还会涉及一些问题，如图2-3所示。

图2-3　市场和行业分析可能涉及的问题

4. 营销计划和生产运营

有了优质的产品与服务,遇到良好的市场机遇还不足以保证项目的推进,一个切实可行的营销计划是项目成功的关键保证之一。营销计划应该以市场调研、产品与服务的价值为基础,制定产品与服务、定价、促销、渠道等问题的发展战略和实施计划。产品与服务的生产和运营是企业需要关注的重要问题。在生产运营中需要解决以下几个方面的问题,包括厂址的选址与布局、生产工艺流程、产品的包装与储运等。此外,产品的质量检验也非常重要。如果是服务类产品,可以结合产品和服务的特点介绍这一部分。综上所述,营销计划和生产运营会涉及以下问题,如图2-4所示。

图2-4　营销计划和生产运营可能涉及的问题

5. 团队管理

一个稳定团结的核心团队可以帮助创业者渡过各种难关,是公司最宝贵的资源。有些投资者非常重视投资团队的情况,以此评估项目的潜力。很多潜在投资者把管理团队视为一份商业计划书获得成功的最关键因素,所以,有些商业计划书会直接把创业团队的介绍放在公司介绍中。风险投资者通常会向那些最有可能成功运作企业的人进行投资,风险投资者将会仔细考察所投资公司的管理队伍。在这一部分需要介绍公司的组织结构图,各部门的功能与职责范围,各部门的负责人及主要成员,公司的薪酬体系,公司的股东名单(包括股份份额、认股权、比例和特权),公司的董事会成员,股权分配等。

6. 财务与融资计划

财务计划部分,需要写明公司的财务情况和财务规划,并预测未来的财务损益状况;融资需求部分,写明资金的用途、需要的资金额度等,必须与商业计划书的其他部分相一致。财务与融资计划还会涉及一些问题,如图2-5所示。

有无3~5年的财务计划? 融资需求多少?

目前的财务状况如何? 有哪些资金来源?

公司的营业收入如何? 能给投资者什么回报?

图 2-5　财务与融资计划可能涉及的问题

7. 风险控制

每一份商业计划书都会对项目做出一番美好的未来规划,但没有绝对保险的项目,风险永远是机会的"一体两面"。因此,本部分就是说明各种潜在的风险,并向风险投资者阐述针对各类风险的规避措施。需要详细说明该项目实施过程中可能遇到的风险及控制、防范手段。可能遇到的风险包括政策风险、"十三五"规划风险、技术开发风险、经营管理风险、市场开拓风险、生产风险、财务风险、汇率风险、投资风险、股票风险、对公司关键人员依赖的风险等。以上风险如适用,每项要单独叙述控制和防范手段。

8. 资本退出

创业者需要设计一种最优的资本退出方式,并且需要详细说明该退出方式的合理性。此外,如果公司在计划期内未完成风险资本退出计划,最好要给出次优方案,这样才能让每个投资者都清晰地知道获利的时间和可选方案。

9. 附录

附录部分是商业计划书内容的有力补充和说明。在附录中可能出现的附件包括财务报表、主要合同资料、信誉证明、图片资料、分支机构列表、市场调研结果、主要创业者履历、技术信息、宣传资料、相关数据的测算和解释、相关获奖和专利证明、授权使用书等。虽然附录不是商业计划书的必备部分,但大多数商业计划书中都包含附录部分。

(四) 商业计划书的撰写流程

大学生撰写商业计划书的主要目的是参加比赛、获得融资进行创业,这是从理论到实践的一个过程,必然经历一个复杂而严谨的流程。商业计划的撰写流程一般包括如图 2-6 所示的七个环节。

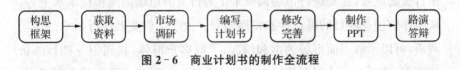

图 2-6　商业计划书的制作全流程

1. 构思框架

大学生创业者头脑风暴之后获得一个新的创意或者想法,这个想法可能是灵光乍现、尚不完善的,需要进行认真构思,需要寻找相关领域的专家或者志同道合的人协商、评估创业项目的可行性,如果可行,就应该展开研究,进行商业计划书的详细框架构思。首先,必须明确创业项目的商业模式以及发展规划,这个项目的短期目标和长期目标是什么;其次,商讨创业项目在发展规划中的发展战略,把发展构想分解成几个阶段以及每个阶段中应该关心的核心问题;最后,根据创业项目的特点确定商业计划书的整体思路,将整个商业计划书的架构和内容确定下来,方便后面进行资料收集和市场调研等。

2. 获取资料

商业计划书的编撰往往涉及大量的数据,如市场情况、竞争对手情况、行业发展情况、政策支持等,这就需要大学生创业者查询相关统计年鉴、公司报表和文献等获取资料,也可以通过购买统计机构统计好的数据。无论是哪种方式获得资料,都需要保证所获资料的真实性、正确性,切忌胡乱编造、篡改数据。此外,还需要收集财务报表、调查数据、预测数据、项目描述材料和市场营销计划材料等。大学生创业者只有获取了大量的资料,撰写时才能得心应手,撰写出的商业计划书才更加有说服力。收集好资料之后,可以对资料进行汇总、整理和分析,提炼出最有价值、最精练的数据供撰写商业计划书使用。在总结提炼数据资料时,可以借助图表等使得数据更加直观。

3. 市场调研

"纸上得来终觉浅,绝知此事要躬行",大学生创业者的创业想法往往来自头脑风暴,需要进行市场调研来了解行业的市场结构和技术水平等,从而评估创业项目的可行性和发展前景。大学生创业者进行初步的市场调研,可以了解当前市场的饱和情况,了解客户群体,找到创业项目的价值所在,使得商业计划书扎根在祖国的大地上。对于大学生创业者而言,通过调查问卷可以获得一手资料,了解目标群体的相关情况。创业者还可以通过市场调研了解竞争对手的相关情况,通过对竞争对手竞争方式的调查,更深入地了解行业的竞争态势,取长补短,以便创业项目在激烈的竞争中有一席之地。最后,通过初步的市场调研,形成调研报告来验证商业计划书的发展潜力,吸引投资。

4. 编写计划书

"万事俱备,只欠东风",在经过构思框架、获取资料、市场调研等前期工作之后,就进入了最关键的环节——编写商业计划书。在上文已经对编写商业计划书的主要内容进行了概述,接下来的章节也会具体写明,这里就不加以赘述。编写商业计划书的过程也是大学生创业者进一步熟悉项目或产品、完善创业想法的过程。通过编写商业计划书,创业者可以提前发现项目的缺陷和不足,也可以找到更多的优势和特色,为最终的展示做充足准备。

5. 修改完善

一份好的计划书并不是一蹴而就的,需要经过多次的修改和完善。大学生掌握的知识大都来自课本,缺乏实践经验,其撰写的商业计划书很有可能只是"纸上谈兵"。这就需要大学生创业者向老师、创业成功者、创业专家等询问自己的商业计划书哪里需要修改,然后根据专业人士的意见和建议加以修改完善,使之更符合实践要求。特别是一些涉及政策性内容和市场变化较快的项目,更需要及时修正内容,确保信息和数据的正确性和时效性。

6. 制作 PPT 和路演答辩

大学生撰写商业计划书的目的是参加创业类型的比赛,获得投资人的关注和投资,故写完商业计划书不是最后一步,还需要向专家和投资者展示自己的创业项目。这就需要准备一个 10 分钟的 PPT 展示,以 PPT 的形式更加直观地向专家和投资者展示创业项目。PPT 要简明扼要、美观大方、图文并茂,内容要通俗易懂、重点突出、数据可靠,给观看者留下一个好印象,引起投资者和专家的兴趣。此外,大学生创业者还需要猜测投资者最关心的问题,提前准备答辩稿,以减少投资者的不信任感,最终获得优异的比赛成绩和投资。

二、写作训练

为你的项目(产品、企业、创意)编制一个商业计划书撰写提纲。在写作之前,需要紧紧围绕七大问题展开构思:

- 本项目(企业、产品、服务)是做什么的?
- 本项目(企业、产品、服务)是怎么做的?
- 团队做得怎么样?
- 是什么人做的(即团队)?
- 本项目(企业、产品、服务)的市场有多大?
- 本项目(企业、产品、服务)的竞争情况如何?

● 本项目(企业、产品、服务)运营的资金缺口是多少？怎么融资？

大学生撰写商业计划书的目的之一就是参赛,其中全国影响力最大的创新创业赛事是教育部举办的中国国际"互联网＋"大学生创新创业大赛,该项比赛中的初创组和成长组需要注册公司,甚至公司已经运营了一段时间,因而在公司简介部分有充足的材料可以撰写。然而,对于创意组,不论是本科生创意组还是研究生创意组,项目均没有注册公司,内容可以由公司简介调整为项目简介。所以,在具体写作时可以根据写作目的和项目特点进行微调。如下,本书给出一个可供参考的框架:

目　录

的客户,给出相应的市场细分标准)

三、具体销售策略(如何触达目标市场客户？线上线下如何实现协同？媒体矩阵如何设计)

四、市场渗透和销售量(第一类目标市场如何向第二类甚至第三类目标市场拓展渗透,对销售量的增长给出具体的判断)

第四章 竞争性分析

一、竞争者(一定要给出行业内知名的主流竞争者,如果有可能,对品类竞争者、提供类似功能的竞争者、潜在的进入该行业的竞争者都要进行分析)

二、竞争策略(重点思考如何构建"护城河"或打破竞争者构建的壁垒)

第五章 产品(服务)与定价

一、产品品种规划(这里的产品不仅包括有形的产品,还包括无形的服务,要从营销供给物角度思考)

二、研究与开发(技术类产品、服务、项目重在说清楚研究和开发的逻辑,涉及保密、不宜公开的部分也要注意)

三、未来产品和服务规划(现有产品或服务在未来1~3年如何发展,是向上延伸、向下延伸还是水平延伸？应用场景如何变化？目标市场有哪些可能的变化)

四、定价策略(产品是采取渗透定价还是撇脂定价,是销售产品、方案还是专利或技术服务等,要与商业模式、目标客户群体的期望一致)

五、生产、储运、包装(重在说清楚生产和储运的逻辑,图片必不可少)

六、服务与支持(说清楚服务与支持的具体方式方法)

第六章 渠道与促销

一、市场发展规划(要与第三章逻辑一致)

二、销售策略(针对目标市场特点,选择合适的定位方法和销售方法、销售渠道与伙伴,比如C端、B端、G端客户)

三、促销与推广策略（主要针对的是 C 端、B 端还是 G 端客户，要与前面的商业模式和营销战略一致）

第七章　融资与财务计划

一、资金需求与融资计划

二、销售（营业）收入估计

三、资产负债预计表、现金流量表、利润表

第八章　风险分析

一、风险类别分析

二、重点风险及应对

附录

一、母公司或本项目中不适合放入正文的材料

二、人员相关的证明材料

三、已有的客户、合同、销售意向等

四、企业（项目）已有的获奖或已经通过的认证

五、竞争对手的文件资料

六、公司简报与发行物

七、其他图表

三、学生写作案例及问题诊断

下面向大家展示一个由学生团队撰写的商业计划书目录部分的案例。

（一）案例《夕阳红老年浴室服务项目》

目　录

第一章　执行总结

● 公司概述

● 核心产品

● 市场与竞争分析

- 公司战略
- 组织与人员分析

第二章　市场概况

- 建设老年浴室服务的背景及需求介绍
- 老年浴室服务行业的发展和现状

第三章　项目或公司简介

- 项目概述
- 公司产品与技术简介
- 发展规划

第四章　市场与竞争分析

- 宏观环境分析(PTST)
- 目标市场与市场定位
- 竞争分析

第五章　团队介绍

- 财务部
- 技术部
- 综合部

第六章　财务分析

- 财务预估表
- 收入及成本估算表
- 融资计划

第七章　风险分析

- 政策风险分析及应对
- 市场风险及应对
- 突发事件

(二) 诊断结论

总的说来,目录显示,这一份商业计划书从"七大问题"着手,具备基本的商业计划书框架。第一章执行总结是"摘要"的另一种表述方法，这一部分应该言简意赅，所以公司战略可以在"公司概述"的行文中提及，无须作为一个单独的小节。本项目为老年洗浴服务，"浴室"只是实现服务的一种载体，此处用词"老年浴室服务"并不准确，建议改为"老年洗浴服务"。

该项目的背景是人口老龄化的趋势，商业机会亦来源于人口因素，第二章市场概况，笔者推荐使用 PEST 来分析行业背景、预测需求。"老年浴室服务行业的发展和现状"这个标题，提纲设计者应该注意写作逻辑，先有"现状"，再谈"发展"。本章主要回答"市场有多大？"这个问题，章节内容的结构需要调整，建议按照本书给出的框架第三章的内容修改。

该组学生撰写提纲时应该是照搬了某一个模板，建议在第三章题目"项目或公司简介"中明确这是一个项目，还是具体的企业。本章主要回答"本项目是做什么的？"这个问题，而之前的执行总结、市场概况等内容都涉及了公司介绍，因此即便该企业就只有一个项目，也需要在本章标题中明确"公司简介"。一般来说，简介部分应该放在市场概况之前，所以本章应该与第二章调整位置。前文如果已经明确了产品（服务）的名称，此处的"公司产品与技术简介"建议改为"老年洗浴服务产品与服务简介"。且本商业计划书没有专门的"产品与定价"章节，建议此处撰写时从简介变成比较详细的介绍。需要注意的是，此类"零售服务业"项目，经营成功的关键是客群数量、店面运营水平，所以销售与促销推广方案、店面运营水平要有所体现。

之前已经明确是老年洗浴服务项目，第四章、第五章等章标题应该体现老年洗浴服务项目，比如第五章"团队介绍"可以改成"老年洗浴服务项目运营团队介绍"。这个项目是典型的"零售服务业"项目，所以管理团队人数与一线服务人员的比例不能过高，"财务部、技术部、综合部"的人员均属于价值链中的支持系统，而非直接产生价值的部门。建议改成管理运营团队、技工招聘方案、管理运营制度等内容，亦能体现项目策划者的运营管理水平。需要注意的是，第五章主要回答"本项目是什么人做的（即团队）？"这个问题，不同行业的人员占比不同。如果项目涉及的是 IT

产品与服务,技术人员人数占比、在项目运营中的作用与传统的零售服务业完全不同。

第六章"财务分析"要明确这部分的数据是基于预测产生的,亦可能涉及融资,建议改成"财务预测与融资计划"。前文如果已经明确了老年洗浴服务这个项目,此类零售服务业的前期投资要有明确的费用预算,包含设备投资、人员费用等。本章主要回答"本项目是怎么做的?"以及"资金缺口有多大? 融资计划如何?"等问题,营业收入预测要和前面的定价、预测的销量保持逻辑一致。建议提纲中"财务预估表、收入及成本估算表、融资计划"这三个内容改成"财务分析、融资与资金运营计划"两部分内容。其中财务分析,要有营业收入、成本的预测,要有资产负债表、收益表等,融资和资金运营计划要包括股本结构和规模、融资计划等内容。

这个项目是典型的"零售服务业"项目,所以其最主要的风险,并非"政策风险分析",而是市场风险、经营风险和融资风险、加盟风险等。建议第七章题目改为"风险控制",提纲中"政策风险分析及应对、市场风险及应对、突发事件"这三个内容改成"风险分析和风险应对"两部分内容。本章主要回答"本项目是怎么做的?"这个问题,这部分内容体现了商业计划书提供者对行业的思考深度、处理风险的能力。本项目是典型的"零售服务业"项目,运营管理水平是成功的关键因素。

该项目计划书提纲没有"附录"部分,而前面的提纲仍有未及之处,比如项目选址、人员相关的证明材料等,建议增加附录部分。比如,在附录中提供相应的规章制度亦能体现运营者的风险控制能力。

第三章 产品与服务分析

一个有市场前景的创业项目意味着该项目能够用创新的方法和思路解决特定的社会问题从而创造社会价值,而产品和服务是项目解决社会问题的核心标的,更是项目传递价值的重要载体。清晰、完整、有创意地对产品和服务进行介绍是吸引投资人对项目产生兴趣、帮助投资人对项目进行评估、促使投资人对项目进行注资的关键环节。因此,产品和服务分析可以说是整个商业计划书的核心板块之一。如何才能有效地对产品和服务进行介绍?产品和服务分析需要包含哪些关键内容?本章将重点对上述问题进行阐述。

一、基础理论

产品和服务是项目的立身之本,合理的产品和服务策略是项目运营的基石。产品与服务的本质是什么?商业计划书所描述的项目、产品和服务本质上都是为客户提供痛点的解决方案。它们之间的区别与联系是什么?按照营销提供物思路,产品和服务是没有本质差异的,只是在是否拥有有形载体及其贮存性上略有区别。项目的成败与否在很大程度上依赖其产品和服务对市场需求的满足程度以及相关的产品和服务策略是否能够在市场竞争中脱颖而出。

(一)产品与服务

产品和服务分析在整个商业计划书中占据着重要地位。在进行产品与服务分析之前,首先对产品和服务的基本概念进行相关阐述。

1. 产品概念

产品是指市场中能够满足消费者需求的一切内容的合集,可以包含有形的物品,也可以包含无形的服务,甚至可以是两者的组合或一切与之相关的观念。狭义的产品主要指市场中能够满足个体需求并进行交易的有形实体;广义的产品则是一切由企业提供并能满足个体需要的有形实体和无形服务的合集。换言之,服务是无形的产品。要弄清产品的基本概念就必须了解产品的层次结构,通常来说,产品分为核心产品、形式产品、期望产品、延伸产品和潜在产品(见图3-1)。下文将对上述五类产品层次进行详细介绍。

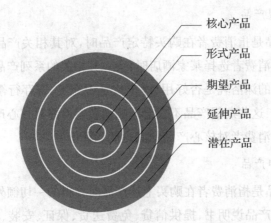

核心产品
形式产品
期望产品
延伸产品
潜在产品

图 3-1　整体产品概念的五个层次

(1) 核心产品

核心产品是指产品的基本效用和功能价值。核心产品反映了产品和服务对消费者基本需求的满足程度。比如,消费者购买手机不是为了获取手机那个物体,而是为了能够满足基本的联络需要。因此,在产品分析的过程中,应该首先考虑消费者的需求是什么,产品和服务的核心产品是否能够最大限度地满足其基本需求。在这一点上,企业一定要转换视角,从客户角度思考他们的需求,核心产品就是用来满足客户基本需求的某种能力或属性。

（2）形式产品

形式产品是核心产品的外在表现，是消费者在市场中形成的产品和服务的物理属性。常见属性包含品质、式样、特征、商标以及包装。项目在分析产品时以及企业在研发、推广产品时必须明确核心产品是基础，只有在满足消费者基本需求的基础上考虑形式产品才具有意义。例如，消费者购买一件羽绒服，其核心产品是指羽绒服提供的保暖御寒功能；羽绒服的面料、鸭绒还是鹅绒、长款还是短款、充绒量等就是羽绒服的形式产品。换言之，企业只有保证自己生产的是羽绒服，具有御寒功能，随后再考虑款式设计、包装风格等因素才是有意义的。

（3）期望产品

期望产品是指消费者在购买特定产品时，对其相关产品的预期和要求。例如，当消费者选择某家酒店时，会对其相关的系列产品和服务形成预期，如房间的沐浴乳是否好用、停车位是否充足、寄存行李是否价格低廉且方便等。这些期望产品不仅会影响消费者最终对核心产品的购买决策，还会影响消费者对核心产品的满意度和评价。

（4）延伸产品

延伸产品是指消费者在购买上述产品时获得的一切额外附加利益的总和，它包括产品说明书、提供信贷、免费送货、保证、安装、维修、技术培训等。如当客户购买一台机器设备，与之相关的延伸产品包含机器设备的质保、机器设备的配送、机器设备必备软件的使用权、机器设备的报价协议等。事实上，伴随着服务经济的不断深化发展，当今企业的竞争和核心优势塑造越来越发生在延伸产品层面。企业成功提供给客户超过其期望的延伸产品将会极大地提升客户满意度。

（5）潜在产品

潜在产品是指现有产品包括所有附加品在内的，可能发展成未来最终产品的潜在状态产品。伴随着技术的发展和进步，现有产品未来可能会给客户带来功能的升级。例如，微信作为人际沟通的工具时，很多企业就会意识到微信可能的演变趋势和前景,微信支付的发展促成微店、小程序、朋友圈广告等构建的商业生态圈,为各行各业精准化识别客户提供数据来源、数据分析和精准投放。这也佐证了企业在和客户沟通时,需要将未来几年的发展规划说清楚,展现企业的潜在产品层次。

综上所述,产品之所以划分为上述五个层次,是因为营销进入"顾客中心"时代之后,企业和市场对客户需求的尊重和重视。只有最大限度地满足客户的需要,企业才可能在日益激烈的市场竞争中占据优势地位。然而,互联网的兴起改变了人们传播信息和相互沟通的方式,进而带动了"人、货、场"的重新分布,原有的宏观环境和微观环境,原来的客户痛点从"根本无法解决"到"可以有解决方案",这也促进大量的商业机会出现。应运而生的种类繁多的互联网产品总体来说是属于服务的范畴,没法用传统的产品分类框架来划分,却仍然可以用产品的五层次模型来分析。

2. 产品的类别

产品的分类方法多种多样,本书主要从产品自身属性和消费者属性出发,提出产品的两种分类方法。

(1) 根据产品自身属性进行划分

从产品的耐用性和有形性两个维度划分,可以分为有形产品和无形产品。有形产品指有外形、体积、重量等实物形态的产品,有形产品根据产品的耐用性可以分为耐用品和非耐用品。

可以被反复使用的有形产品称为耐用品。耐用品存在使用折旧,但实体不会伴随使用而消失,如电脑、手机、汽车等均属于耐用品。由于使用年限较长、价值相对较高,消费者购买这类商品时,决策往往较为慎重。针对这类商品的营销,需要注重技术创新、提高产品质量、使用较多的人员推销、做好售后服务等。

非耐用品一般是指一次或多次使用后其实体形式会被消耗的有形产品,如卫生纸、食品、打印纸等。非耐用品具有单位价值较低、消耗快、消费者经常购买、大量使用的特点。企业通常通过多渠道销售、制定相对较低价格、加强广告等方式吸引消费者购买。

服务是具有价值和使用价值,但没有外在形态的产品,泛指市场交换中一切满足消费者需求的行为或活动。例如,健身、美容美发等;又比如商誉传递、商业咨询、法律咨询、教育培训、技术咨询等。与有形产品相比,无形产品不容易被消费者感知和体验。所以,无形产品如何借由服务人员素质和有形展示物设计让客户感知和体验,是无形产品营销很重要的内容。服务由于其无形性(Intangibility),生产和消费过程的不可分割性(Inseparability),质量水平高度依赖服务人员的可变性(Heterogeneity),不可贮存性或"短暂性"(Perishability),服务分销渠道的结构与性质和有形产品差异很大。为了充分利用生产能力,对需求进行预测并制定有创造性的计划成为重要和富于挑战性的决策问题;而且由于服务无法像有形产品一样退回,服务组织必须制定强有力的补救策略,以弥补服务失误。

(2)根据消费者属性进行划分

建立在消费者行为习惯的基础上,可以把产品分为便利品、选购品、特殊品和非渴求产品。

便利品是指消费者频繁购买的产品,且其购买几乎不受限于时间和地点,同时,因为是消费者熟悉的产品购买,因此在购买决策时耗费的时间和精力较低。特别需要说明,通常便利品都是消耗品,且大多为与消费者日常生活相关的消耗品。所以,此类产品的营销最关键的在于培养消费者的购买习惯和为消费者购买提供时间、空间的便利。

不同于便利品在购买决策时的省时节力,选购品是指消费者在购买此类产品时需要建立在对产品的销售渠道和产品自身属性比对的基础之上进行。此类商品一般具有两个重要属性:耐用品和非习惯购买。据此,消费者购买此类产品时往往对同类产品缺乏足够的了解和判断能力,故而决策时的信息搜索成本较高。

不同于选购品的购买决策不确定性,特殊品是指那些具有独特产品特色或者特殊品牌效应的产品。对于此类产品,消费者能够清楚地区别品牌之间的价格优势、质量优劣等。选购品的品牌效应对于消费者的影响更为突出,消费者愿意为同类产品中的某一个品牌买单。

非渴求产品包括两类:第一,消费者不知道的产品;第二,消费者不感兴趣的产品。对于上述两种不同类型的非渴求产品,要针对性地采用不同的营销策略以实现营销效果。消费者不知道的产品通常是一些新进入市场的产品和服务,其营销重点应该放在宣传推广上以让产品信息暴露在消费者的视野中;而对于消费者不感兴趣的产品则应该了解消费者不感兴趣的原因并制定针对性的策略以引起消费者的兴趣并促使其购买行为发生。

值得注意的是,如今的年轻人接触的产品无所不包,QQ、斗鱼、抖音都是什么类别的产品呢?回答这个问题必须回到互联网的本质上来。互联网对世界的改造主要体现为解决三个流的问题:信息流、物流、资金流,其中核心是信息流。人们经常在交流中会说某产品是做一个"平台",实际上以上所有产品类别,只要连接着可能产生交易的双方,都可以视为一个平台。平台是产品形态(形式产品),不是产品类别。一般来说,互联网的产品分类,即信息的分类。

小链接

互联网产品如何分类?

1	内容类	以新闻资讯、专业知识、文字和图片为主的阅读信息等,门户网站,垂直网站
2	交易类	以商品信息为主的交易类网站,既有淘宝、京东等综合电商,也有跨境电商、生鲜电商、在线教育等垂直电商
3	工具类	信息的加工和处理,比如视频剪辑、浏览器、手机安全、输入法等
4	多媒体类	本质上属于内容类的分支,网速的大幅度提升造成视频流媒体快速发展,因而可以单独分为一类

5	O2O 类	本质上属于交易类的分支,但由于相关应用领域的复杂多变和广阔性,越来越多的企业进入 O2O 行业,并且从模式上来说,比简单的交易类产品多了线下场景
6	行业应用类	如教育、汽车、母婴、宠物等各个行业的垂直应用服务
7	企业应用类	如 SAAS、ERP、OA 等

资料来源:https://www.zhihu.com/question/20494885/answer/814560370,有增改

(二) 产品组合

1. 产品组合的基本概念

产品组合是从产品层面界定企业的经营范围,即企业可以提供给市场的全部产品线和产品项目的组合。在这个概念里有三个重要的名词,分别是产品组合、产品线和产品项目。这三个概念的范畴是逐渐变广的。其中,产品项目是指同类产品的品牌和类目;产品线是指某一类产品;而产品组合则是上述两个概念的组合。为了更好地满足市场需求、提高企业竞争力,企业需要尽可能地根据市场需求和企业现实优化产品组合。例如,盒马鲜生选择将盒马日日鲜、盒马酒窖、盒马烘焙等作为其主要经营范围,那么"果蔬肉类＋酒类＋烘焙"就是企业选择的产品组合,在此产品组合中包含果蔬肉类、酒类、烘焙三个产品线;而以果蔬肉类的产品线为例,产品项目是指盒马所选择的果蔬肉类的类目和组合,如在果蔬肉类的产品线中,选择水果、蔬菜、猪肉等产品项目。

产品组合的度量主要包含四个关键维度:宽度、长度、深度和关联性。我们通常用产品项目来衡量产品组合的四个维度。如上所述,产品项目是指一个产品线中产品类别的数量或同一类别不同品牌的数量。

此处,本节将用一个例子来解释产品组合四个度量维度的含义。某便利店主要售卖食品、日用品和文具,其具体的产品情况如表 3-1 所示。

表 3－1　某便利店的产品详情

产品线	食品			日用品	文具
产品项目	面包			洗发水	中性笔
	巧克力	好时		手帕纸	笔记本
		德芙	黑巧		
			白巧		
	酸奶	蒙牛		洗手液	
		伊利			
		卡士			
	冰激凌				

　　如上所述,产品组合的宽度是指一个产品组合中包含的产品线的数量,因此上述便利店的产品组合宽度为 3。产品组合的长度是指产品组合中所有产品项目的总和,因此上述便利店的产品组合的长度为 9;而用产品长度除以产品线的数量就得到了产品的平均长度,产品的平均长度为 4。产品组合的深度是指同一产品项目中包含的花色、规格等的数量,如上述便利店巧克力产品的深度为 2。而产品关联性是指各个产品线在其生产渠道、最终用途等方面的关联程度。

　　根据产品组合的上述四个度量维度,企业的产品战略可以分为以下四种类型:

　　第一,加大产品宽度,扩展经营范围,以满足消费者的多元化需求;

　　第二,增加产品长度,使产品线更加丰富,成为同类产品中消费者选择更多的企业;

　　第三,加强产品深度,通过产品的细分满足更多不同消费者的需求;

　　第四,加强产品组合的统一性,提升企业在某一行业的专业性。

　　企业需要根据市场需求和环境,结合自身的特点,选择最合适的产品策略。

2. 产品组合的优化

如前所述,企业需要优化产品组合以满足市场需求、提升企业竞争力。具体来说,企业根据实际情况的限制可以采取以下方式进行产品组合的优化。

第一种是扩大产品组合,具体包含两种不同的形式:第一,拓展产品组合的宽度;第二,增强产品组合的深度。如上所述,拓展宽度是指扩展企业的经营范围,采取多样化的经营,以满足消费者多方面的需求;加强产品组合深度是指增加原有产品线中的产品项目,即在原有某一个经营大类中增加产品类目或多样化品牌。比如,在上述便利店的例子中,如果便利店决定把电子产品加入产品销售范围,则是拓展产品组合宽度;而如果便利店决定在食品类别中加入速食类,并且在原有的面包类目中引入新的品牌,则为增强产品组合的深度。

通常来说,企业采取扩大产品组合的策略主要有以下两种情形:一是企业预测未来一段时间现有品类中某个大类未来的市场需求会缩减或者盈利空间会下降,那么企业就会选择拓宽产品组合的宽度;二是如果企业想要打造某个优势产品类别,提高该类别的市场占有率和竞争力,企业就会选择增强产品组合深度的策略。

第二种方式是缩减产品组合,是指对产品组合的长度或者宽度进行适当的收缩。通常来说,企业收缩的主要是产品组合中那部分盈利能力较低的产品大类或者产品项目,以集中优势资源发展优势产品线或产品项目、留出资源引入新的产品线或产品项目。

第三种方式是延伸产品组合,主要包含三种方式:向下延伸、向上延伸和双向延伸。下文将对三种产品组合延伸方式进行阐述。向下延伸主要是指产品档次的降级延伸,即原本生产高端产品的企业现在将中低端产品也纳入经营范围。向上延伸则是指原本生产低端产品的企业,将高端产品纳入企业的经营范围。双向延伸则是指原本定位于中端产品生产的企业,将高端和低端产品都纳入企业的经营范围。

（三）产品生命周期

产品生命周期（Product Life Cycle），亦称"商品生命周期"，是指产品从准备进入市场开始到被淘汰退出市场为止的全部运动过程，是由需求与技术的生产周期所决定。它是产品或商品在市场运动中的经济寿命，也即在市场流通过程中，由于消费者的需求变化以及影响市场的其他因素所造成的商品由盛转衰的周期。产品生命周期主要是由消费者的消费方式、消费水平、消费结构和消费心理的变化所决定的。产品生命周期一般分为进入（导入）期、成长期、成熟期（饱和期）、衰退（衰落）期四个阶段。

1. 产品生命周期阶段

典型的产品生命周期一般可分为四个阶段，即进入期、成长期、成熟期和衰退期。

第一阶段是进入期。新产品投入市场，便进入进入期。此时，顾客对产品还不了解，只有少数追求新奇的顾客可能购买，销售量很低。为了扩展销路，需要投入大量的促销费用，对产品进行宣传。在这一阶段，由于技术方面的原因，产品不能大批量生产，因而成本高，销售额增长缓慢，企业不但得不到利润，反而可能亏损。产品也有待进一步完善。

第二阶段是成长期。这时顾客对产品已经熟悉，大量的新顾客开始购买产品，市场逐步扩大。产品得以大批量生产，生产成本相对降低，企业的销售额迅速上升，利润也迅速增长。竞争者看到有利可图，纷纷进入市场参与竞争，使同类产品供给量增加，价格随之下降，企业利润增长速度逐步减慢，最后达到生命周期利润的最高点。

第三阶段是成熟期。市场需求趋向饱和，潜在的顾客已经很少，销售额增长缓慢直至转而下降，标志着产品进入了成熟期。在这一阶段，竞争逐渐加剧，产品售价降低，促销费用增加，企业利润下降。

第四阶段是衰退期。随着科学技术的发展，新产品或新的代用品出现，顾客的消费习惯发生改变，转向其他产品，从而使原来产品的销售额和利润额迅速下降。于是，产品又进入了衰退期。

在这里,需要特别区分产品种类和产品形式两个概念。产品种类是指具有相同功能及用途的所有产品。产品形式是指同一种类产品中,辅助功能、用途或实体销售有差别的不同产品。而产品品牌则是指企业生产与销售的特定产品。如钢琴表示产品种类,电钢琴是钢琴的一种分支,即产品形式;YAMAHA 电钢琴则专指电钢琴中的一种特定产品,一种产品品牌。产品种类的生命周期要比产品形式、产品品牌长,有些产品种类生命周期中的成熟期可能无限延续。产品形式一般表现出上述比较典型的生命周期过程,即从进入期开始,经过成长期、成熟期,最后走向衰退期。至于品牌产品的生命周期,一般是不规则的,它受到市场环境及企业市场营销决策、品牌知名度等影响。品牌知名度高的,其生命周期就长,反之亦然。

2. 各个产品生命周期的营销策略

(1) 进入期市场营销策略

进入期的特征是产品销量少,促销费用高,制造成本高,销售利润很低甚至为负值。根据这一阶段的特点,企业应努力做到:投入市场的产品要有针对性;进入市场的时机要合适;设法把销售力量直接投向最有可能的购买者,使市场尽快接受该产品,以缩短介绍期,更快地进入成长期。

在进入期,一般可以由产品、分销、价格、促销四个基本要素组合成各种不同的市场营销策略。仅将价格高低与促销费用高低结合起来考虑,就有下面四种策略。

第一种是快速撇脂策略。即以高价格、高促销费用推出新产品。实行高价策略可在每单位销售额中获取最大利润,尽快收回投资;高促销费用能够快速建立知名度,占领市场。实施这一策略须具备以下条件:产品有较大的需求潜力;目标顾客求新心理强,急于购买新产品;企业面临潜在竞争者的威胁,需要及早树立品牌形象。一般而言,在产品引入阶段,只要新产品比替代的产品有明显的优势,市场对其价格就不会那么计较。

第二种是缓慢撇脂策略。以高价格、低促销费用推出新产品,目的是以尽可能低的费用开支求得更多的利润。实施这一策略的条件是：市场规模较小；产品已有一定的知名度；目标顾客愿意支付高价；潜在竞争的威胁不大。

第三种是快速渗透策略。以低价格、高促销费用推出新产品。目的在于先发制人，以最快的速度打入市场，取得尽可能大的市场占有率。然后再随着销量和产量的扩大，使单位成本降低，取得规模效益。实施这一策略的条件是：该产品市场容量相当大；潜在消费者对产品不了解，且对价格十分敏感；潜在竞争较为激烈；产品的单位制造成本可随生产规模和销售量的扩大迅速降低。

第四种是缓慢渗透策略。以低价格、低促销费用推出新产品。低价格可扩大销售，低促销费用可降低营销成本，增加利润。这种策略的适用条件是：市场容量很大；市场上该产品的知名度较高；市场对价格十分敏感；存在某些潜在的竞争者，但威胁不大。

（2）成长期市场营销策略

新产品经过市场介绍期以后，消费者对该产品已经熟悉，消费习惯也已形成，销售量迅速增长，这种新产品就进入了成长期。进入成长期以后，老顾客重复购买，并且带来了新的顾客，销售量激增，企业利润迅速增长，在这一阶段利润达到高峰。随着销售量的增大，企业生产规模也逐步扩大，产品成本逐步降低，新的竞争者会投入竞争。随着竞争的加剧，新的产品特性开始出现，产品市场开始细分，分销渠道增加。企业为维持市场的继续成长，需要保持或稍微增加促销费用，但由于销量增加，平均促销费用有所下降。针对成长期的特点，企业为维持其市场增长率，延长获取最大利润的时间，可以采取下面几种策略：

第一种是改善产品品质。如增加新的功能、改变产品款式、发展新的型号、开发新的用途等。对产品进行改进，可以提高产品的竞争能力，满足顾客更广泛的需求，吸引更多的顾客。

第二种是寻找新的细分市场。通过市场细分，找到新的尚未满足的细分市场,根据其需要组织生产,迅速进入这一新的市场。

第三种是改变广告宣传的重点。把广告宣传的重心从介绍产品转到建立产品形象上来,树立产品品牌,维系老顾客,吸引新顾客。

此外,还可以采用适时降价策略。在适当的时机,可以采取降价策略,以激发那些对价格比较敏感的消费者产生购买动机和采取购买行动。

(3) 成熟期市场营销策略

进入成熟期以后,产品的销售量增长缓慢,逐步达到最高峰,然后缓慢下降;产品的销售利润也从成长期的最高点开始下降;市场竞争非常激烈,各种品牌、各种款式的同类产品不断出现。

对成熟期的产品,宜采取主动出击的策略,使成熟期延长,或使产品生命周期出现再循环。为此,可以采取以下三种策略:

第一种是市场调整。这种策略不是要调整产品本身,而是发现产品的新用途、寻求新的用户或改变推销方式等,以使产品销售量得以扩大。

第二种是产品调整。这种策略是通过产品自身的调整来满足顾客的不同需要,吸引有不同需求的顾客。整体产品概念的任何一层次的调整都可视为产品再推出。

第三种是市场营销组合调整,即通过对产品、定价、渠道、促销四个市场营销组合因素加以综合调整,刺激销售量的回升。常用的方法包括降价、提高促销水平、扩展分销渠道和提高服务质量等。

(4) 衰退期市场营销策略

衰退期的主要特点是:产品销售量急剧下降;企业从这种产品中获得的利润很低甚至为零;大量的竞争者退出市场;消费者的消费习惯已发生改变等。面对处于衰退期的产品,企业需要进行认真研究分析,决定采取什么策略,在什么时间退出市场。通常有以下几种策略可供选择:

第一种是继续策略。继续沿用过去的策略,仍按照原来的细分市场,使用相同的分销渠道、定价及促销方式,直到这种产品完全退出市场为止。

第二种是集中策略。把企业能力和资源集中在最有利的细分市场和分销渠道上，从中获取利润。这样有利于缩短产品退出市场的时间，同时又能为企业创造更多的利润。

第三种是收缩策略。抛弃无希望的顾客群体，大幅度降低促销水平，尽量减少促销费用，以增加利润。这样可能导致产品在市场上的衰退加速，但也能从忠实于这种产品的顾客中得到利润。

第四种是放弃策略。对于衰退比较迅速的产品，应该当机立断，放弃经营。可以采取完全放弃的形式，如把产品完全转移出去或立即停止生产；也可采取逐步放弃的方式，使其所占用的资源逐步转向其他的产品。

（四）新产品推出

本书主要围绕商业计划书展开产品分析，因此在本书所提及的产品分析中主要关注的是新产品的相关策略。通常来说新产品的开发过程主要包含八个阶段：机会发现、机会识别、形成产品概念、制定营销策略、运营分析、产品开发、市场前测和投放市场。下文将对上述八个阶段进行简要阐述。

第一步是机会发现。创业始于机会的发现。所谓发现机会其实质就是针对某一市场进行分析，发现可能的潜在创意。

第二步是机会识别。并非所有的机会和创意都具备价值，因此要进一步识别和甄选发现的机会和创意，选择符合创业团队特质，并且具有较好市场前景的机会。

第三步是形成产品概念。将筛选出来的机会转变为产品概念是新产品策略的重要环节，只有把识别的真正的机会转化为产品概念才能具备形成商业计划书的载体。

第四步是制定营销策略。在形成产品创意并确定产品决策之后，要结合市场分析和企业现状，制定最适合的营销策略，以适合的方式将优秀的产品推广给有需要的消费者以实现其产品价值。

第五步是运营分析。在确定营销策略之后，要对企业的盈利、市场规模等进行合理分析,以此作为对产品策略的反馈。根据运营分析判断是否需要进一步调整营销策略。

第六步是产品开发。在确定既定的产品概念在合理的营销策略基础上可以实现企业既定的运营目标之后,产品就进入研发生产阶段。这也是新产品开发的重要环节,因为再完美的创意和概念如果不能付诸现实都是没有意义和价值的。

第七步是市场前测。当产品研发阶段完成之后,企业会选择部分市场、部分群体为产品做投放市场之前的前测,以验证产品的市场反应是否符合预期。

第八步是投放市场。完成产品的市场前测之后,企业考虑将产品正式投放市场,这是产品真正开始转化为现实价值的重要环节。在这个阶段,企业需要综合考虑何时、何地、用何种方式将产品推广给谁。

二、写作训练

为你的项目商业计划书撰写一个产品(技术)介绍。这一部分是将企业能提供给客户的东西(项目、技术、有形产品、无形服务等)详细介绍给读者。此时,你要牢记产品是满足客户需要的载体,既要站在专业角度对产品(项目、技术、有形产品、无形服务等)进行介绍,更要站在客户角度,用产品三层次模型(核心产品、形式产品、附加产品)和产品五层次模型(核心产品、形式产品、期望产品、附加产品、潜在产品)来梳理清楚产品能给客户带来的实际利益是什么,然后再将这些利益有效地表达出来。

在写作之前,需要紧紧围绕这几个问题展开构思:

- 你的产品(项目、技术、有形产品、无形服务等)给谁带来核心利益?
- 项目、技术、有形产品、无形服务等的形式产品是怎样的?
- 客户的痛点是什么?你通过产品的哪一个方面来解决他的痛点?
- 有哪些证据证明产品能够解决客户痛点?
- 产品是单一的产品(服务、工艺、技术),还是系列产品(服务、工艺、技术),还是一整套方案?

● 和竞争对手相比,产品(项目、技术、有形产品、无形服务等)的优势(卖点)是什么?

● 产品(项目、技术、有形产品、无形服务等)的价格是如何制定的?

● 该产品的生命周期如何发展? 未来的发展趋势如何?

通过这个部分,向读者展示我们的项目是做什么的,我们的产品有什么优势,我们如何让客户和市场接受该项目相关的产品和服务。可供参考的写作框架如下。

第三章　产品(服务)与定价

一、产品系列介绍(这里的产品不仅包括有形的产品,还包括无形的服务,要从营销供给物角度思考)

二、研究与开发(技术类产品、服务、项目重在说清楚研究和开发的逻辑,涉及保密、不宜公开的部分也要注意)

三、未来产品和服务规划(现有产品或服务在未来1~3年如何发展,向上延伸,向下延伸,还是水平延伸? 应用场景如何变化? 目标市场有哪些可能的变化)

四、定价策略(产品是采取渗透定价还是撇脂定价,是销售产品、方案还是专利或技术服务等,要与商业模式、目标客户群体的期望一致)

五、生产、储运、包装(重在说清楚生产和储运的逻辑,图片必不可少)

六、服务与支持(说清楚服务与支持的具体方式方法)

三、学生写作案例及问题诊断

下面向大家展示一个由学生团队撰写的商业计划书中关于这部分的案例。

(一) 案例《新型水溶电池——商业计划书》

……

1. 产品名称

新型水溶性可充电电池

2. 产品简介

新型水溶性可充电电池是以锰酸锂纳米链材料为正极,以包覆了PPy 的 MoO3 纳米片材料为负极,以不可燃且价格低廉的水溶液(即用水作为溶剂的溶液)作为电解液的可充电锂电池。其整体循环性能高,在×××mAhg-1(基于正极活性物反应的条件下),在×××次循环之后,锰酸锂纳米链电池的容量保有率达到了 90％以上。其不仅比锂离子电池更安全、成本更低,也更容易制备。适用于电动汽车新能源和太阳能、风能发电站的能量储存和转换装置等。

3. 产品定位

我公司致力于设计、生产、销售更安全和成本更低的新型水溶性电池,完善售后服务,为客户打造一流服务。

(二) 诊断结论

该项目的产品是"新型水溶性可充电电池",可以判定该商业计划书的项目类别是高新技术产品,在进行产品简介时,要突出其具有哪些核心优势技术以及技术价值。比如,这类新产品具有的技术优势往往能够应用在多个场景,也需要在一段时间内产生盈利。"新型水溶性可充电电池"这类技术性产品,生产、储运、包装只要不涉及保密、不宜公开的部分,可以用示意图说清楚研究逻辑和开发工艺。所以,对产品进行相应的应用场景描述,或者产品品种规划就显得十分必要。

上述撰写案例是大多数学生或者初学者在撰写商业计划书中产品介绍部分常见的样式。本部分呈现的案例虽然存在很多内容缺失和写作问题,但已经具备一定程度的产品分析意识,即对产品进行了粗略介绍、对目标受众进行确认、对竞争对手进行相应分析。根据上文讲到的产品分析的内容框架不难看出,上述撰写案例在内容上存在众多缺失,如产品简介部分并没有分层次分析,也没有对产品组合进行阐述。

在营销策略部分，还需要结合价格、目标受众、渠道进行具体产品营销策略的阐述。如果是单一产品，"新型水溶性可充电电池"定价策略是采取渗透定价还是撇脂定价；如果是系列产品，体现差异性的定价组合如何设计等，这些方面都要说清楚。这与后面的销售额预测、盈亏平衡点估算是相关的。

第四章　市场与竞争分析

一、基础理论

市场与竞争分析是对创业项目的外部环境分析中最为重要的一个部分,包括从几个维度对行业发展进行刻画,对创业项目的现实竞争者进行分类研究,对潜在的竞争者进行分析研究。对创业项目来说,对外部环境进行竞争者分析十分重要,若不重视,则会导致商业计划变为不切合实际的幻想,使其缺乏实践的可行性。尤其是在大学生创业项目汇报中,笔者经常听到大学生创业者指出自己的项目是市场上唯一一家,是行业的领先者等说法。这往往都把竞争者定义在最狭窄的范围内,就好比可口可乐只把百事可乐当成竞争对手一样,忽略了大量其他类型的竞争者和可以替代的方案。在实践中,竞争者范围界得过于狭窄,对产品或服务市场份额的预测就偏大,必然会在财务数字预测方面出现非常大的失误,最终导致项目面临严重亏损。

这一章重点关注商业计划书的环境分析,主要内容包含对市场(行业)内涵的基本认知、市场的内外部分析、企业的竞争优劣势分析、市场特征及企业市场细分定位等。

小链接

竞争者分析

被尊称为"营销学之父"的菲利普·科特勒教授,明确指出无论是什么产品,包括项目、技术、服务等,都是为了解决顾客问题。从解决顾客问题角度出发来考虑产品和服务的可替代性,进而可以将竞争者划分为品牌竞争者、产品形式竞争者、属类竞争者和愿望竞争者四个层次。这种分析方法对于工科学生、技术人员更为客观地认识竞争对手和行业非常有帮助,能够有效阻止"营销近视症"发生。以农夫山泉瓶装饮用水为例,我们可以看一下这四类竞争者的轮廓。

农夫山泉的竞争者层次分析表

竞争者类型	描 述	举 例	范 围	比 喻
品牌竞争者(Brand Competitors)	满足顾客相同需求,生产规格、型号、款式相同或相似的产品和服务,以接近的价格进行销售,但品牌不同的竞争者	怡宝、娃哈哈、景田、康师傅、雀巢优活、百岁山等	最窄	在一个战场正面厮杀的对手
产品形式竞争者(Product Competitors)	生产同类但规格、型号、款式不同的产品和服务的竞争者。这类竞争者在顾客同一种需求的具体满足上存在差异,购买者可以根据自己的偏好进行选择	依云、Perrier气泡水、VOSS饮用天然矿泉水	较窄	经常发生小摩擦的对手
属类竞争者(Generic Competitors)	也称普通竞争者或一般竞争者,是指提供不同的产品和服务以满足消费者相同需求的竞争者	果汁类、牛奶类、奶茶类、咖啡类、茶类、啤酒等包装饮料和现场制作类饮品	较宽	会产生军事冲突的对手军团
愿望竞争者(Desired Competitors)	提供不同产品和服务以满足不同需求的竞争者。这里竞争者争取的是消费者的消费愿望。竞争对象是所有争取同一消费群体消费愿望的其他企业	其他小食品、存钱欲望、小额捐赠	宽泛	一切争夺顾客钱包的对手,包括假想敌

(一)市场(行业)基本内涵

在进行商业计划时,首先都会考虑市场的因素,但市场究竟为何? 一般来说,经济学把市场理解为买者和卖者的集合,也会指买卖双方相互制约的机制,也就是把市场看成是一种资源配置的方式。这种理解都建立在"所买卖的东西是资源稀缺的"这个假设上。然而,市场营销科学主要是建立在"以销定产"的假设基础上,认为大多数项目都不是稀缺的,买者具有强大的决策权。所以,在市场营销学领域,市场是需求者的集合,既包含现实需求者,也包含潜在的需求者。

所以,角度不同,市场的定义就不同;研究的课题不同,市场的定义也不同。概括来说,市场可以用来描述整个商业环境中的各种要素。在撰写商业计划书的时候,往往会将"市场"和"行业"等价使用。事实是"市场"和"行业"这两个词既有相似之处,也有不同。

1. 概念定义不同

市场可以被理解为一群具有相同需求的客户,他们愿意以某种有价值的东西来换取卖主提供的产品与服务,而创业项目所涉及的这些产品与服务是满足他们需求的方式。可以看出,市场的概念更偏向买者的集合。

相对于较为抽象的"市场","行业"的界定则更加具体。行业指生产并向特定市场销售同类产品与服务的一个提供者群体,如饮食行业、服务行业、互联网行业。行业的概念更偏向卖者的集合。

2. 涉及范围不同

市场通常用来指代需要服务的客户,还可以用来确定创业项目的机会。行业既可以界定提供类似产品或服务的同类企业,也可以界定直接竞争对手和潜在竞争对手。

3. 分析重点不同

市场分析主要介绍公司产品与服务的市场情况,包括目标市场、市场竞争中的位置、竞争对手的情况、未来市场的发展趋势等。还需要阐述市场中的关键影响因素,购买决策的制定过程,市场是怎样进行细分,如何确定目标客户,公司计划拥有的市场份额,预想采用各种防御战略来抵挡竞争等问题。因此,市场分析要界定创业项目所处的环境、行业、市场、现在和潜在的购买者和竞争者等。其对象是创业项目本身。而行业分析主要介绍公司所属产业领域的基本情况,以及本项目公司在整个产业中的地位。

由此可见,行业和市场两者其实是相辅相成的,行业分析是基石,市场分析才是重点。如果没有行业里的企业,就没有卖方,客户需求就是空中楼阁,只能处于无法满足的状态;如果没有市场里的客户,就没有买方,行业企业所提供的产品就是废铜烂铁,毫无价值可言。因此,在实践领域,大家经常把行业和市场混在一起,用某某行业或某某市场来描述某一项产品或服务的提供者和需求方的集合,以及双方的互动机制。

任何行业都不是单一存在于真空之中,与其他事物都是相互联系着的。所以,在进行行业分析的时候,需要一个清晰的概念对其进行界定。比如钢铁行业(Iron and steel industry),一般来说是以从事黑色金属矿物采选和黑色金属冶炼加工等工业生产活动为主的工业行业。然而,在定义之后,还会有一个具体的统计口径的界定,比如钢铁行业包括金属铁、铬、锰等的矿物采选业、炼铁业、炼钢业、钢加工业、铁合金冶炼业、钢丝及其制品业等细分行业。此外,与钢铁行业相关的上下游企业如何归口呢? 钢铁原材料的供应商和经销商如何界定呢? 由于钢铁生产还涉及非金属矿物采选和制品等其他一些工业门类,如焦化、耐火材料、碳素制品等,因此通常将这些工业门类也纳入钢铁工业范围中[①]。

所以,大学生在学习撰写商业计划书时,要带着马克思主义哲学中联系的普遍性和矛盾观来思考市场(行业),买方和卖方、交易的标的、交易的条件是市场(行业)涵盖的内部诸要素。然而买方和卖方、交易的标的、交易的条件所构成的行业并不是一个封闭的市场空间,某个行业需要不断地通过与其他组织和机构发生联系,才能健康发展。比如律师事务所、银行、劳动力市场、科研机构等为钢铁行业造血、输送养分,这些影响因素

---

① 钢铁行业定义转引自百度百科。

就构成了本项目所处的中观环境。所以,我们在进行市场或行业分析时,要想象自己从"月球"来看某一个市场(行业),先扫描宏观大环境,再定位至某个行业(企业),观察行业所处的中观环境,随后再用探针进入企业内部,从企业的微观环境来看行业发展。

(二) 市场(行业)分析要素

市场(行业)中的影响因素涉及诸多方面,既包括外部作用的法律因素,也包括规模大小(如行业增长速度)、对各种生产资源的要求、投资回报情况,还包括行业竞争强度(如公司数量和规模大小)、行业内消费者的数量、分销渠道特征、技术创新方向等。从外到内来看,这些因素可以概括归纳成六类。

1. 政府行业法律法规

政府政策和相关法规的变化会给市场(行业)的经营环境带来巨大的变化。而且政策也会引致社会关注焦点的转移,使生活态度和生活方式发生变化。新的社会问题、人民价值观念及生活方式的变化有时又可以刺激市场(行业)变革。例如,社会对自然环境保护的关注使得各市场(行业)内企业优化生产活动,将环保等相关概念融入企业的经营生产中。

小链接

企业绿色发展

江苏毅合捷汽车科技股份有限公司获得了由中国质量认证中心签发认证的碳中和证书,这也是无锡企业获得的首张碳中和证书。企业在厂房建设阶段就秉承了节能环保的理念,厂房的屋顶钢结构、外立面以及装饰材料都是采用了钢架结构,以利于后期回收利用。此外,通过连续几年来的碳排查,公司改善工艺,淘汰了高耗能设备设施,节能低碳贯穿每一个管理环节。通过智能制造改进、设备物联、数据互通、能源监控等措施,将碳排放当量降到行业较低水平,企业在绿色发展之路上还大有可为。

资料来源:节能与综合利用处.绿色发展典型案例——毂合捷:"绿色循环"成就绿色未来,https://www.163.com/dy/article/HABCNB2U0518JG8M.html

2. 市场(行业)规模

市场(行业)规模大小(有时也称市场规模或市场容量)的不同,对创业者和投资者的吸引力也有区别。市场(行业)规模大小可以由当前市场(行业)内购买者的数量来测量。规模小的市场(行业)通常不能够吸引大的或者新的竞争者,有助于创业项目发展;而规模大的市场(行业)则能引起各类公司的兴趣。从通常投资者的经验来看,他们会更愿意投资市场规模中型或大型的市场(行业)。

 小链接

风投市场分析

业界认为大多数 A 股上市公司年收入在亿元级别到数十亿元级别,也就是说,如果投资的潜在的市场规模有千亿、万亿元级别,那么这个行业就能够支撑很多的上市公司,上市公司也能做到很大的体量,比如银行业、房地产行业和医药行业;如果市场规模在数十亿元以及百亿元级别,也是相对很大的市场。如果市场规模只有十亿元,该行业可能只能支撑两三家上市公司;如果拟投标的不能在行业中取得绝对领先的地位,上市的可能性不大。

资料来源:风投项目的市场分析,https://www.sohu.com/a/200203229_722231

3. 市场(行业)竞争水平

规模大的市场(行业)势必会吸引更多的企业,使得竞争强度增加。

此时对于初创公司而言,要分清楚这种竞争者的地理范围,考虑竞争的范围是本地区的、某特定区域内的还是全国性的。竞争的范围越广,所需要面对的竞争对象数量也就越多,对于创业者来说所面对的挑战也就更大。同时,市场(行业)中竞争厂商的数量和规模不同也会影响行业竞争强度。如果市场(行业)被众多中小型公司细分,则竞争强度高,企业获利水平低,企业要想获利必定需要差异化。如果市场(行业)被几家大型公司垄断,则竞争强度低,企业获利水平高,这些企业较容易获得超额利润。

4. 市场(行业)需求增长率

行业增长速度会影响企业的决策,进而影响企业的进入和退出选择。市场(行业)需求增长率代表了该市场(行业)的潜力,在具备相似规模下的两个市场(行业)中,投资者会更关注市场(行业)增长速度较快的那个。快速增长的市场(行业)对创业者而言意味着买方需求正在不断增长,该市场(行业)是有潜力的行业,会吸引其他公司进入。缓慢增长的市场(行业)会导致竞争加剧,弱小者会被淘汰出局,进入难度也会更大。通常,市场(行业)需求增长率和市场(行业)发展生命周期有密切的关系。当市场(行业)处于成长期时,其需求率通常上升速度快、投资回报收益也更好。当市场(行业)处于衰退期时,需求率增长放缓,进而也影响企业所得利润。

5. 市场(行业)渠道及供应链水平

创业项目,包括大多数生产型项目和零售服务类项目,供应链与渠道管理水平决定了能否获利。这是因为供应链整合的程度将会导致柔性制造水平和平均成本差异,进而影响面对客户需求的反应时间和服务成本。比如,互联网改造后的服装、餐饮行业,供应链配送水平越高和时间更快,产品(服务)更新越快,更容易形成竞争优势。与供应链管理类似的是,分销渠道包括经销商、代理中间商和辅助机构。而分销需要解决的问题就是经过哪些销售环境,此外还包括销售端物流和运输,保证产品(服务)快速送达客户。

6. 市场(行业)创新水平

创新是影响市场(行业)变更的重要因素,对应到企业的经营生产活动中,还可以细分为产品创新、技术创新、营销创新、管理创新等。产品创新可以扩大客户群体数量,实现行业的增长,扩大与竞争对手之间的产品差异,改变已有的竞争结构。不断推出新产品的企业会加强其行业地位,而故步自封的保守企业则会收益受到损失,逐渐被淘汰。技术创新有时能够改变市场(行业)的市场结构,使得供应链更科学,在有限的生产成本上产生差异化的产品,为市场(行业)增添活力。这种创新会影响企业的成本和效率,甚至对企业的营收分配也会产生影响。当技术被扩散出去以后,整个行业也会因此受益,对行业变更有重要驱动作用。营销创新,让企业通过互联网建立起电子化的分销能力,能够在零售商的货架上获得充分空间,拥有自己的分销渠道和网店,提升产品品牌力,提高整个行业内产品的需求数量,优化产品功能,对行业结构调整也有积极作用。

(三) 常见的市场(行业)分析框架

1. 宏观环境分析(PEST 分析法)

PEST 方法是对市场(行业)宏观环境分析最常用的方法之一。宏观环境是指影响市场(行业)内企业的各种宏观因素。由于市场(行业)不同,所以具体到每个行业的宏观环境因素分析也存在一定差异。商业计划书撰写者需要根据不同市场(行业)自身特点和需求有所侧重,对一些影响大的因素要具体且详细地进行分析。之前的章节里,我们已经提及 PEST 分析方法(参见第一章),即从政治与法律环境、经济环境、社会文化环境和技术条件四类因素入手进行外部环境分析(见图 4-1)。通过对这些外部因素的分析,可以向投资者清晰阐述该市场(行业)的特征、潜力和潜在的困难等。

(1) 政治因素

政治因素指与该市场(行业)有关的相关法律政策。因为市场(行业)不同,所以这些政策可能是区域政府颁布的,也可能是国家所颁布的。同时,由于企业运营还涉及税收、产业政策、货币政策、国际贸易、法律、市场规范等多个方面,所以与运营相关的一切制度也属于这一因素范畴。另外,有时候企业涉及的市场(行业)是全球性质变化,因此外部的政治形势、状况和制度等也是要考虑的因素。由于涉及的政策往往是繁多且复杂的,所以商业计划书撰写者需要尽可能地突出重点,将论述放在对该行业起到重要作用的国家或者地方政策上,如国家出台的某些规划、关于该行业的利好或者管理政策等。

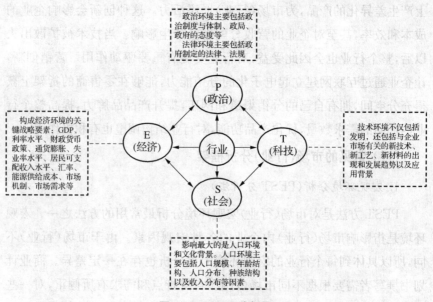

图4-1　PEST分析图

　　总体来说,所有的企业都很关心法律因素和政府的相关政策走向。比如,南京市某养老康居项目,为了便利入住老人就医需要有行医资质。当初,为了该资格,企业费劲周章仍未解决,然而当国家在该领域颁布了相关政策后,该项目顺利获得资质证书。如今,有些大数据平台将各行各业各地区的宏观政策及时收集起来,如图4-2所示的政眼通政策大数据服务系统,有利于商业计划书的撰写者快速了解相关政策,并对之进行解读。

图 4-2 政眼通政策大数据服务系统查询示例

（2）经济因素

经济因素对各个市场（行业）来说都起着重要的作用。商业计划书撰写者需要更多地关注各个维度上的经济因素，如当前的经济周期、就业率、通货膨胀率、利率和汇率、房价和股价、经济发展阶段等。这些因素将在市场（行业）的各个方面起到影响。举例来说，就业率和通货膨胀率、房价等将决定消费者的可支配收入，而消费者的可支配收入会影响消费者对某些行业内产品的需求，从而影响这些行业长期的需求情况。再比如，利率和汇率，对于涉及跨国业务的行业来说，这将影响产品的生产和运输成本，进而影响产品的价格，最终对企业的营收也会产生影响。因此，商业计划书撰写者必须非常细致地了解可能会影响该行业的所有经济因素，阐述这些经济因素带来的利与弊。

刻画经济因素的指标可能有 GDP、人均 GDP、居民人均可支配收入、居民人均消费支出、城乡（农村）人均可支配收入、城乡（农村）人均消费支出及其名义增长幅度，扣除价格因素后的实际增长幅度等；反映宏观经济的指数，如宏观经济景气指数、消费者信心指数、经济学家信心指数、中国制造业采购经理指数，这些数据均可在各级政府网站和统计局网站查找，如图 4-3 所示。

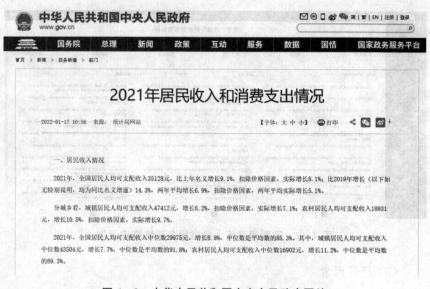

图4-3 中华人民共和国中央人民政府网站

（3）社会因素

社会因素对市场（行业）的影响主要体现在需求端。由于社会因素涉及的范围较广，所以商业计划书的撰写者应该继续细分社会因素，将其分为人口因素、年龄结构、社会文化变化等。这些因素会直接或者间接地影响某个市场（行业）的消费者数量及规模。例如，人口老龄化会使得与养老有关的市场（行业）在当下变成新型行业；对小众文化感兴趣的消费者人数增多也使得与之相关的行业具有吸引力。因此，商业计划书撰写者需要十分客观且细致地分析与所涉及的市场（行业）有密切关联的人口、文化等因素。

（4）技术因素

无论是何种行业，技术因素永远都是该市场（行业）具有活力的重要来源之一。技术创新能够改变行业特征、产品特征，提高生产工艺以及生产效率。所以技术因素也需要得到较多的关注。但值得关注的是，一般对技术要求较高的市场（行业），对于创业型公司来说意味着较高的研发支出,就需要计划书的撰写者清晰地阐述这些技术对于市场(行业)的价值,以此吸引投资人进行投资。同时,对技术要求较高的市场(行业),其前期营收也将受到技术因素的影响,这也是计划书撰写者在进行分析的时候需要明确的。

PEST 分析为市场(行业)分析提供了一个相对清晰的框架,这对于经验较少的创业者而言是有益的。但因为每一类因素都包含很多的内容和亚因素,只使用这个方法进行分析,难免会有所疏漏。

因此,接下来我们再介绍一个中观的市场(行业)分析方法,波特五力竞争模型(见图 4 - 4)。

2. 波特五力模型

PEST 分析关注的是宏观环境,或者也可以说是政策和社会环境的影响,而五力模型更侧重于对市场(行业)结构的分析。对市场(行业)结构的认知与理解是进入该行业的基础,也是未来找寻市场(行业)内市场机会的重要步骤。每个市场(行业)都有对其具有重要影响力的因素,这些因素会影响竞争强度,进而影响到创业者进入该市场(行业)和在行业内立足的困难程度。波特五力模型认为市场(行业)的竞争状况主要取决于五种因素,即现有企业竞争、替代品威胁、潜在进入者、供应商议价能力和购买者议价能力。利用这五种重要的因素来分析市场(行业)的竞争强度,并进一步预估行业的利润率,这对投资人了解行业现状是十分重要的。同时,对于创业者来说,熟悉这五种因素,可以帮助其预先制订或者评估一些政策,通过抗击或者影响这些因素来提升本企业在行业内的竞争力。

(1) 现有企业竞争

现有企业的竞争是五种因素中力量最强的。有些市场(行业)的核心竞争是价格,有些则是产品与服务的特色、产品创新和售后服务等。竞争强度取决于多种因素,也和行业内企业的地位有着千丝万缕的联系。一家或者几家主导的市场(行业),其寡头垄断的特征可以避免行业陷入价

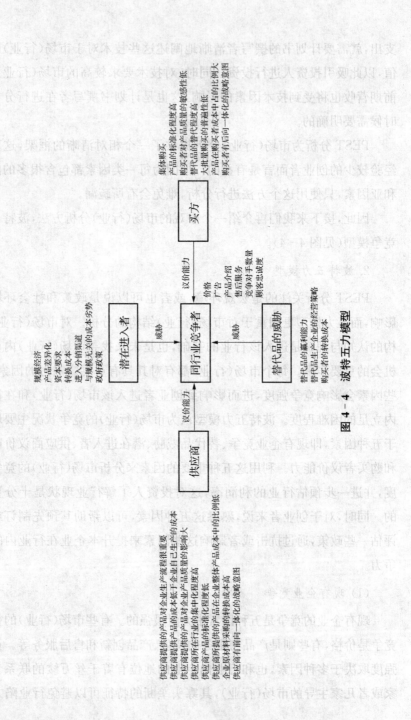

图 4 - 4 波特五力模型

供应商提供的产品对企业生产流程很重要
供应商提供产品的成本低于企业自己生产的成本
供应商提供的产品对企业产品质量的影响很大
供应商所在行业的集中化程度高
供应商提供的产品的标准化程度低
企业原材料采购的转换成本高
供应商有前向一体化的战略意图

供应商 议价能力 → 潜在进入者 威胁 →

规模经济
产品差异化
资本要求
转换成本
进入分销渠道
与规模无关的成本劣势
政府政策

同行业竞争者 ← 威胁 替代品的威胁

替代品的赢利能力
替代品生产企业的经营策略
购买者的转换成本

价格
广告
产品介绍
售后服务
竞争对手数量
顾客忠诚度

议价能力 ↑

买方

集体购买
购买者对产品质量的敏感性低
购买的标准化程度高
替代品的替代程度低
大批量购买的普遍性
产品在购买者成本中占的比例大
购买者有后向一体化的战略意图

格竞争;而诸如粮食、电脑配件等产品无差异化的市场(行业),价格变得尤为重要。集中度可以作为竞争强度的一个标准。集中度越低的市场(行业),其竞争强度越高,企业获利难度增加。相反,集中度越低的行业,尽管竞争强度降低了,但进入和退出的门槛提高了,对于创业者来说也不见得是一件好事情。

(2)替代品威胁

替代品指与现有产品相比,能够发挥相同功效和满足相同需求的产品。这些替代品对现有产品的威胁主要有三个方面。第一,替代品往往更具有价格上的吸引力。如果替代品的价格比业内当前产品的价格低,企业将更容易遭受价格竞争带来的压力。第二,替代品如果在产品质量、性能等方面与业内当前产品没有巨大差异,替代品的出现会刺激客户去比较两种产品,这种压力也会进一步加剧竞争强度。第三,消费者的转移难度和成本。转换成本包括价格差、识别成本和其他的风险成本、时间成本等。如果转化成本低,则替代品会抢占该业内原产品对应的消费者,带来更大的竞争压力。

(3)潜在进入者

潜在进入者可能是一个新的企业,也可能是一个采用多元化战略、从事相关行业的成熟企业。潜在进入者对市场(行业)竞争的影响在于其能够衡量进入壁垒,并影响竞争强度。新进入者会使得行业产能增加,但产能增加导致供给大于需求时,行业的竞争加剧,平均利润会下降。而新进入者是否能够在市场(行业)内站住脚,则取决于行业壁垒。进入壁垒可以由规模经济、产品差异、资本需求等多个因素决定,也受品牌、技术、稀缺资源等的影响。进入者拥有的资源越多、能力越强,进入困难越小。除了考虑进入者自身特点外,还要考虑现有的业内企业反应。如果行业中原有企业做出积极反应,如降价或增加营销等来捍卫其地位,则潜在进入者需要投入更多的成本来应对。对创业项目来说可能需要更加关注的是进入障碍较小的市场(行业),因为这些行业往往成熟或者竞争强度高。

（4）供应商议价能力

市场（行业）中如果供应商数量多，但规模小，则供应商的议价能力较低。如果行业内主要提供标准化产品，那么企业也可以通过与多个供应商保持联系，尽量以低成本获得原材料。相反，如果市场内供应商数量小，且主要集中在几个固定的供应商上，那么对于创业型企业来说，这些供应商的议价能力是比较高的。此时，企业通常只能选择接受供应商提出的价格，而并不具备更多更好的选择，所以生产成本往往会较高。

（5）购买者议价能力

在多数情况下，购买者会通过比较来选择性价比最好的产品，从而将压力转移给卖方。影响消费者议价能力的因素主要有三个。第一，转化成本。转化成本越低则表示企业越容易失去消费者，企业为了留住消费者则必须以更加优质的产品和低廉的价格来满足消费者，所以消费者的议价能力高，如日常消费品。第二，购买数量。大批采购者通常会拥有更强的议价能力。如果该市场（行业）是一个快速消费品行业，消费者日常需求高，那么购买更多的产品会使得消费者的议价能力增强。第三，网络市场中购买者一般会见到众多的供应商，选择的机会更多，这也使得购买者的议价能力增强。

以上是两种用来进行市场（行业）分析的常见方法，对于创业企业来说，无论多细致的分析都不为过。在撰写商业计划书的时候可以尽量突出那些对市场（行业）有决定性影响的因素，如在高科技领域，解决"卡脖子"问题的关键技术就是决定性影响因素，谁掌握了该项技术谁就掌握了主动权；而对于一些普通的面对 C 端的商品或服务，忠诚稳定的客群（转化率高的流量）才是决定性影响因素。这些因素对于投资者来说是十分重要的，也是投资者所关心的。它将影响投资者对该市场（行业）的潜力的判断，同时它也是说服投资者进行投资的基础。

下面将进行竞争对手分析和 SWOT 分析，从微观的角度向大家介绍如何分析我们的竞争对手进而得出自身项目的优势和劣势，以及对标我们的竞争对手,结合宏观政策与中观行业的环境,得出我们拥有哪些机会,面临哪些威胁。

3. 竞争对手四要素分析

在对竞争对手分析的过程中,我们时刻需要将自身对标自己的竞争对手,站在竞争对手的角度上去思考:我们企业的市场定位是否具有一定的市场竞争力? 如果是,如何打开市场? 如果不是,如何规避竞争,开拓新的蓝海?

下面给大家简单介绍迈克尔·波特的竞争对手分析四要素诊断法(见图 4 - 5),用以有理论支撑地去分析竞争对手。

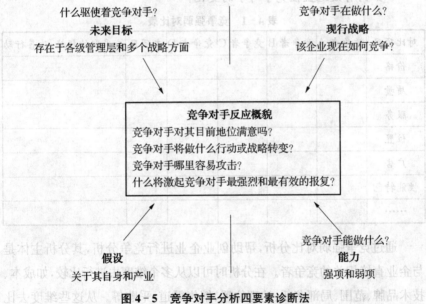

图 4 - 5　竞争对手分析四要素诊断法

在这一部分,需要明确地在商业计划书中写明,为什么这个企业可以作为我们的竞争对手,这个企业对标我们的企业具有哪些方面的共同之处可以让我们去学习,比如说我们共处于一个行业,我们的目标客户群体在某一目标市场具有一定的重合,该公司具有一些先进的技术与管理经验值得我们去借鉴等,进而明晰地得出我们的优势与劣势。

　　无论你的目的是否是撰写商业计划书,请在进行竞争者分析时,多用问题导航,千万次地问自己以下这些问题,然后用表格将思考的内容记录下来,如表4-1所示。长此以往,你的商业分析能力就会得到提高。

- 谁是你的竞争对手?
- 谁暂时不是你的竞争对手,但未来可能是你的竞争对手?
- 这些竞争者的特色、专长、卖点是什么?
- 本项目与竞争对手相比,优劣势如何?
- 如何向投资人(评委)展现本项目的优势,规避本项目的劣势?
- 如何根据优劣势来制定营销战略或商业模式?
- 如何有效地监控竞争对手的变化?

表 4-1　竞争强弱对比表

对比项目	竞争者 A	竞争者 B	竞争者 C	竞争者 D	本项目	应采取的超越/改善行动
价格						
质量						
服务						
位置						
广告						
性能特色						
……						

　　通过竞争强弱对比分析,帮助创业企业进行竞争分析,其分析主体是与企业直接相关的竞争者。在分析时可以从多个维度去进行比较,如成本、技术品牌、范围、局部垄断、地理位置、销售渠道、采购等。从这些维度去比较,可以帮助创业企业更加全面地了解自身的优缺点。同时,在撰写商业计划书的时候突出这部分内容,使用图表、数据等对优劣势进行说明,不仅通俗易懂,便于获取结论与对策,也能够让投资者看到创业者的专业性。

　　4. SWOT 分析法

　　SWOT 分析法(见表4-2)是对企业自身的优劣势,行业内市场机会和威胁进行分析,是集合了企业的内部分析和外部分析的组合分析。给予内外部竞争环境和竞争态势的分析,将企业自身的优劣势和外部机会、威胁等关联起来去看,把各种因素互相匹配得出结论。这个分析能够将企业资源与外部环境达到最佳匹配,以便于企业维持竞争优势。SWOT帮助企业了解自身和外部的匹配情况,建立在企业自身优势的基础上,找寻外部机会,避免发生与外部威胁相关的劣势策略。

表 4-2 SWOT 分析法

	优势(Strength)	劣势(Weakness)
机会(Opportunity)	SO 发出优势、利用机会	WO 利用机会、克服弱点
威胁(Threat)	ST 利用优势、回避威胁	WT 减小弱点、回避威胁

大部分项目需要寻找市场空白,或者没有被竞争对手很好满足的顾客需求,还要向投资者清晰地展现出来。因此,在 SWOT 分析之后,使用 STP 战略来分析项目就显得十分重要。由于篇幅所限,撰写者不必在商业计划书中严格遵循 STP 的步骤将所有内容和盘托出。但撰写者内心要依循市场细分(将市场划分为有意义的消费者群体)、目标市场选择和策略制订(选择需要服务的消费者群体)、产品差异化和定位(为目标客户提供满足其需求的产品)三个步骤来分析项目,更要巧妙地在汇报路演时展现出来。

5. STP 营销战略

STP 是市场细分(Segmentation)、目标市场选择(Target)、定位(Position)三个词语的英文首字母。

(1)市场细分

市场细分指根据消费者在欲望、地点、资源等方面的差异,将庞大的市场划分为需要用不同的产品与服务来有效满足其独特需求的较小的细分市场。每一个消费者群体都是一个细分市场,每个细分市场都是由欲望相同的消费者构成的。市场细分的标准不同,划分的结果也会有所区别。有效的市场细分对创业型企业来说有三个重要作用。第一,有利于企业进行目标市场的选择和制订营销方案。第二,促进企业发掘市场机会。第三,有利于企业集中投入成本,提高效率。常见的市场细分标准有三种:一是根据规模(如国家、城市、农村)或者是地域(如东南、华南)等地理因素进行市场细分;二是根据年龄、性别、收入、职业、教育等人口统计因素进行市场细分;三是根据消费者心理因素(如社会阶层、生活方式、个性等)和行为因素(如使用者地位、忠诚度、产品使用频率)来进行市场细分。常用的市场细分类型如图4-6所示。

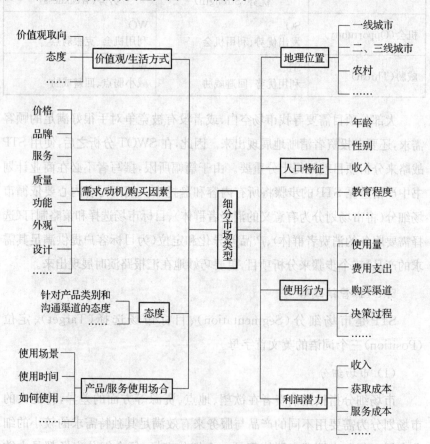

图4-6 常用的市场细分类型

以上只是相对常规的划分标准,但随着当前市场环境变得更加复杂,这些划分标准也并不见得适用于所有的行业。因此,在进行市场细分标准选择的时候,需要商业计划书撰写者灵活地决定细分标准。有效的细分标准包括三个:一是市场细分后保证每一个子市场依然有一定的市场容量;二是市场细分后每一个细分市场之间有明显的区别;三是细分市场的标准要便于企业操作。

(2)目标市场选择

目标市场选择是指在市场细分的基础上,公司需要在商业计划书中明确阐述需要进入的目标市场。目标市场也称为目标消费群体,是公司决定服务的、具有共同需求或特点的消费者群体。目标市场的确定是制订营销方案的前提和基础,要考虑两个方面的因素。

首先要考虑细分市场规模和增长潜力。市场规模可以理解为市场需求量(或市场容量),指的是在既定环境下,一定时期和地域内,当前和潜在的消费者组成的群体规模。对市场需求量的预测需要创业者收集和分析各个细分市场的资料,如当前的销售量、增长速度和预期盈利情况等。通常来说,具有恰当规模和增长速度的细分市场更容易受到投资者的青睐,但这也并不表示规模大、增长速度快的细分市场就不能够成为创业者的选择。但这类细分市场通常要求企业提供的产品和技能水平高,对于创业型企业来说其自身资源一般不能够胜任。而中小规模的细分市场对大企业的吸引力小,对创业企业来说具有盈利的潜力。

其次要考虑企业目标和现有资源。企业的目标和现有资源决定企业进入后是否能够生存。对于创业型企业来说,通常短期内很难保持全面的竞争力,所以如果在一些核心能力上不具备优势,那么这类细分市场即便是进入了,后期的生存也将异常艰难。同时,创业型公司需要设定良好的目标,根据目标选择细分市场。如果进入细分市场后并不能够达成目标,则其对投资者的吸引力也会受到影响,那么这类细分市场即使很好也需要舍弃。

　　在对各个细分市场进行评估后,需要结合创业型企业现有资源和发展目标,选定目标市场并制订合适的营销策略。常见的营销策略有三种:

　　第一种是无差异市场营销策略。企业只推出一种产品(或服务)来满足整个市场,也只使用一种营销策略。这种营销策略注重的是消费者需求的共性而非个性。但是,对于多数企业来说,只推出一个满足所有消费者的产品或服务通常来说是不可能的,这不仅仅是由于资源的问题,更重要的是消费者通常不会是无差异的。

　　第二种是集中市场营销策略。企业的目标不是规模大的某单一市场,而是在一个或者几个小的细分市场中占据较大的市场份额。一般在创业期,企业会将其所有资源集中在那些大企业不重视或者忽略的缝隙市场,在这些市场内提供产品或者服务。等到在这些细分市场内站稳脚跟后,创业型企业会逐渐成长为该细分市场内有利的竞争者。

　　第三种是差异化市场营销策略。和集中市场营销策略不同的是,差异化市场营销策略更多强调为不同细分市场提供不同的产品或者服务。这种营销策略往往不适合创业型公司。这是因为提供差异化产品要耗费太多的资源,而企业在初创期资源有限或者分身乏术。所以创业型公司更多的时候是在初具规模后或再次融资后才会采用这种策略。

　　创业型公司在选择目标市场的营销策略时需要考虑诸多因素,究竟选择哪一种,一般取决于企业当前的资源情况和发展阶段。在企业刚起步的时候,因为此时资源有限,集中营销策略可能是最佳选择,在目标市场才占有一席之地。当经过了一段时间的发展,此时差异化市场营销策略可能更加合适。和这两种营销策略不同,无差异市场营销策略更加适合同质化高的产品,如一些大宗商品行业。集中市场营销策略和差异化市场营销策略则更加普遍,因为消费者的需求通常是有个性且不同的。除此以外,产品的生命周期也会影响策略的选择,一般新产品时期会使用无差异市场营销策略或者集中市场营销策略,待到产品发展至相对成熟阶段,会考虑更加具有个性化的差异化市场营销策略。

（3）定位

除了营销策略的选择，在企业决定进入某细分市场后，还需要确定的是企业的价值主张，即为目标市场提供何种产品价值，以及希望未来在目标市场的消费者心目中占据何种位置或者形象。这些是营销策略制订和实施的基础，称为企业的产品定位。

定位是指企业构建产品在客户心目中所占据的位置和形象，是区分产品的重要属性。一般来说同一目标市场内的产品都具有明显的差异化的清晰的产品定位。虽然不同的企业会选择同一目标市场，但在市场内提供的产品上企业之间还是存在差异的。这种差异通常是由企业产品定位造成的。

企业的产品定位通常遵循四个步骤。第一，确定可能的价值差异和自身的竞争优势。第二，选择适当的竞争优势。第三，制订整体的定位战略。第四，通过具体的市场营销策略向目标市场内的消费者传递信息，使其对产品形成感官和认知，完成产品定位。由此可见，产品定位需要通过营销策略体现出来。因此，企业会在产品的特征、功能、质量服务，甚至是外形、包装等各个方面将其与自己既定的产品定位关联起来，使得消费者认可并熟悉对应的产品属性。

企业进行市场细分、目标市场选择和产品定位的三个步骤对于创业型企业来说是至关重要的，这些决策往往直接关系到这个项目是否能获得投资人的青睐。但是，在这个过程中，创业型企业做出正确的决策是异常困难的，原因在于创业者对市场和自身的情况的认知通常是片面或不足的。帮助创业型企业找出自身特征，对确定目标市场、策略选择等有助力作用，可以使用 SWOT 分析和竞争强弱对比分析。

二、写作训练

为你的项目撰写商业计划书中有关市场（行业）分析的一系列内容，可以根据以下问题展开写作：

- 本项目所处的行业具备哪些重要的特征和影响因素?
- 行业内有哪些细分市场?
- 是否存在具有商业潜力的细分市场(即目标市场)?
- 目标市场内是否有强有力的竞争者? 如果有,本项目的产品具备哪些优势?
- 目标市场适合的营销策略和产品定位是怎样的?

可供参考的框架有:

- PEST 分析(分析行业的宏观环境并筛选外部因素对行业发展的优劣势影响)
- 波特五力分析(分析行业自身特征并明确利益相关方对行业发展的作用)
- 目标市场分析
- 行业细分市场(列举行业细分市场并思考是否有新的有价值的细分市场)
- 目标市场选择(阐述目标市场的吸引力并说明公司资源的匹配性)
- 竞争者分析(分析目标市场上的直接竞争者)
- 目标市场策略选择(根据自身和竞争者的特征决定营销策略)
- 目标市场产品定位

三、学生写作案例及问题诊断

下面向大家展示一个由学生团队撰写的商业计划书中关于这部分的案例。

(一) 案例《充电桩解决方案》

"居民小区和单位停车场"将成为今后充电桩市场的重中之重。首先,由于电力布局广泛,具有灵活和安全的特点,专用充电设施在便捷性、经济性等方面与公共充电设施相比具有比较优势。

……

一、宏观环境分析

政策(Politics)

政策维度利好充电桩发展,国家层面出台政策,中商产业研究院显示地方政府积极布局。

经济(Economy)

经济维度利好充电桩发展,经济稳步发展,居民收入提高。

社会(Society)

社会维度利好充电桩发展,人口增长带来需求,新能源汽车推广应用"新基建"利好。

技术(Technology)

技术维度利好充电桩发展,行业标准不断完善技术创新。

二、产品定位

根据国务院《节能与新能源汽车产业发展规划(2012—2020年)》,到2020年我国充换电站数量将达到1.2万个,分散式充电桩超过480万个;充电桩市场规模预期可达1 000亿元。目前,包括上海、广州、天津、重庆、浙江等省市,全国已有超过24个省市发布了地方政府充电设施"十三五"规划。面对巨大的市场需求,无论是以国家电网、南方电网、中国普天等为代表的大型国企,还是以特锐德、万马股份、奥特迅等为代表的上市公司,以及以星星充电、小二租车等为代表的创业公司,都纷纷在充电市场"跑马圈地",布局直流或交流充电桩。数据显示,2016年全国公共充电桩达到了15万个,私人充电桩安装比例超过80%。随着新能源汽车的蓬勃发展,充电基础建设已成为一块巨大的市场蛋糕。而除了这些有明确战略目标的企业外,目前,全国范围实际参与到电动汽车充电业务的企业远远超过了300家。充电桩市场蛋糕巨大,同时充电桩行业竞争也是异常激烈。

"居民小区和单位停车场"将成为今后充电桩市场的重中之重。首先,由于电力布局广泛,具有灵活和安全的特点,专用充电设施在便捷性、经济性等方面与公共充电设施相比具有比较优势。因此,对于有固定停车条件的用户,专用充电设施往往成为用户首要选择,处于基础设施体系的主体地位。其次,由于充电基础设施布局分散,充电时间也较长,就需要通过智能服务平台来为用户提供便捷的导航、状态查询以及预约等服务,从而使得平台成为充电基础设施体系不可或缺的重要组成。此外,基于平台,充电服务可以进一步与商业服务、智能停车和智慧城市服务,以及能源互联网服务等结合,使得平台成为未来充电基础设施体系价值链的核心。再次,要认识到充电绝不是简单地买桩、卖桩,而是在运营一个网络,企业将要通过商业模式的创新为用户提供更为便捷与人性化的服务,借助互联网信息技术为充电行业输血、创新,打造以车、桩联合运营为核心的充电网络智慧云平台,实现互联网、车联网和能源互联网的融合,通过手机 App 实现人、车、桩的智联互通将成为充电行业的一大趋势。

三、目标市场与市场定位

由于充电桩是为电动汽车配套服务的,终端用户是电动汽车车主,电动汽车和充电桩一度成为是"先有蛋"还是"先有鸡"的争论焦点。众所周知,电动汽车的发展前景主要取决于电池技术的突破,而充电基础设施的建设水平又严重受制于电动汽车的发展水平;充换电设施建设运营规模化、标准化、高效化,是电动汽车推广应用的可靠保障和重要基础,电动汽车的产业化、商业化必须依靠技术进步和降低成本。而如何才能实现充电运营的盈利是充电桩企业的首要任务,破解这一问题,企业需要在建设与运营两方面加以突破。纵观数百家充电桩同行,进入充电桩行业的企业不外乎三种情况,一是作为投资方的充电桩运营商;二是作为充电桩供应商的生产厂家;三是作为充电桩的零部件企业(如模块、继电器、连接器等);或是几种情况兼而有之。针对各家的侧重不同,经营策略也各不相同。但,最重要的一点,就是要和主流车型的产、销、用同步并略微超前布局。全国目前有两个非常好的应用案例,一个是太原市 8 000 辆纯电动 e6 出租车的运营,一个是杭州市 1 500 辆纯电动西湖比亚迪 12 米大巴公交车的示范运营。两地在充电桩的建设方面,都做到了车和桩的合理配备及运维。

　　谈到充电桩市场定位,又要回到《电动汽车充电基础设施发展指南(2015—2020 年)》(简称《发展指南》)上,《发展指南》针对资本、技术要素投入提出了诸多鼓励性措施。关于资本要素层面,提出要将充电设施作为各地推广 PPP 模式和中央基建投资资金的重点对象,并从融资渠道、保险制度、融资担保、设立专项基金、发行企业债,甚至基本养老保险基金投资方面提供支持。在技术研发方面,也明确提出了鼓励充电基础设施与智能电网、智能交通融合发展;鼓励检测认证、安全防护、与电网双向互动、电池梯次利用、无人值守自助式服务、桩群协同控制等关键技术研发;鼓励高功率密度、高转换效率、高适用性、无线充电、移动充电等新型充换电技术及装备研发等。针对资金和技术风向,找准市场定位,做出恰当的顺应市场规律的应对措施,是一个企业应该做的事情。

　　据中汽协数据统计,2016 年,我国新能源汽车产销分别完成了 51.7 万辆与 50.7 万辆,我国累计推广新能源汽车数超过了 100 万辆;截至 2016 年 12 月,我国公共类充电桩有 141 254 个,其中交流充电桩有 52 778 个、直流充电桩有 38 096 个、交直流一体充电桩有 50 380 个。全国范围内的车桩保有量比例为 7∶1,远低于理论需求的 1∶1 配比。随着新能源汽车数量与日俱增,充电问题的解决迫在眉睫。国家能源局副局长郑栅洁在中国电动汽车百人会上表示,2017 年我国力争新增充电桩 80 万个,其中专用桩 70 万个,公共桩 10 万个。同时,将引导行业探索合理商业模式,严格执行优惠电价,补贴方向将从购车补贴向充电补贴倾斜。"下一步建设关键是选对方向、扩大有效投资,把居民小区和单位停车场充电桩作为重点发展方向,同时继续优化公共充电桩布局。"国家能源局副局长郑栅洁说。

四、竞争分析

　　从目前新能源汽车的高速发展态势来看,我国新能源汽车今年前 6 个月的渗透率达 9.4%,8 月份的渗透率更是接近 11%,表明新能源车发展明显提速,而与之配套的充电桩必然要走上快车道。

中信建投证券预计,到2025年新能源汽车保有量有望达到3 200万辆水平,车桩比按3/2.5测算,到2025年充电桩市场空间约为1 000万台~1 300万台水平,较目前规模有5倍~6倍增长空间,五年复合增长率为45%,行业复合增速比肩新能源车、锂电池、芯片等大热门赛道。说明此刻的充电桩市场发展速度远不及新能源汽车行业的发展速度。充电桩的普及供给远远低于新能源汽车数量的需求。也正因如此充电桩市场有很大的发展潜力。

同时全国充电市场也存在地区间发展不平衡状态,部分地区仍存在巨大的几乎尚未开发的市场。

(二) 诊断结论

该项目与"双碳目标"达成相关联,国务院办公厅在《新能源汽车产业发展规划(2021—2035年)》等文件中对新能源汽车新车销售量应达到汽车新车销售总量的占比进行规划。而该商业计划书就宏观环境分析而言,其内容单薄,缺少数据支撑。比如说,小区充电桩解决方案这一技术领域涉及的政策(P)还是比较多的,可以对政策做一个列表和解读,如表4-3所示。该项目是电动汽车的衍生产品(服务),其最终顾客是C端,因此经济因素(E)中的人口数量、人均GDP、人均可支配收入等数据应该呈现,用来表达最终用户的购买需求与购买力。

表4-3　电动车充电桩行业发展相关政策列表

政　　策	发布时间	发布机构	相关要点
《关于进一步提升电动汽车充电基础设施服务保障能力的实施意见》	2021年12月	国家发展改革委等	到"十四五"末,我国电动汽车充电保障能力进一步提升,形成适度超前、布局均衡、智能高效的充电基础设施体系,能够满足超过2 000万辆电动汽车充电需求

政　策	发布时间	发布机构	相关要点
《关于启动新能源汽车换电模式应用试点工作的通知》	2021 年 10 月	工业和信息化部办公厅	决定启动新能源汽车换电模式应用试点工作。纳入此次试点范围的城市共有 11 个，其中综合应用类城市 8 个（北京、南京、武汉、三亚、重庆、长春、合肥、济南），重卡特色类 3 个（宜宾、唐山、包头）。预期推广换电车辆 10＋万辆，换电站 1 000＋座，突破换电产品关键技术，健全标准体系，形成换电模式产业生态
……	……	……	……

此外，该项目是电动汽车的衍生产品（服务），涉及市场规模等数据皆可以从电动车保留量、电动车行业发展趋势等数据进行推算。充电桩的用户包含现实用户需求和潜在用户需求的总和，可以从市场规模、应用场景、大致客户类型、需求增长的速度等方面来刻画，进而推导出公用充电桩的数量和服务方案。

这份学生作业在定位和竞争对手分析模块，仍然是对环境分析和行业概况的反复陈述，缺乏翔实的竞品分析相关内容，而这部分对于商业计划书是必不可缺的。在竞争分析这部分的结构框架中，要向投资人展示市面上有没有和自己产品类似的竞品，特别是面对投资人和评委，商业计划书一定要给出行业内知名的主流竞争者。这既是向投资人和评委表达该创业领域是有利可图的蓝海市场，也是帮助创业者理清思路，在产品模式、用户群体、运营模式、价格等维度上找自己的优劣势，更好地瞄准客户痛点，有助于及时调整产品/运营策略。产品定位模块应该说清楚本项目与竞争对手如何进行差异化定位，是产品性能、价格还是投放区域。

这类项目与国家大的发展规划相一致，总体来说前景十分看好。且无论是 To B 市场还是 To C 市场，最终用户还是个体消费者。因此，竞争者分析这一部分，要分层次来写，既有同类商品替代者的威胁，也有潜在替代方案和潜在进入者的威胁。如果有可能,对品类竞争者、提供类似功能的竞争者、潜在的进入该行业的竞争者都要分析。在竞争战略上,重点思考如何利用品牌、产品性能、服务、性价比、专利甚至政府采购方式构建"护城河"或打破竞争者构建的壁垒。

第五章　运营分析与管理团队

一、基础理论

创业项目的创意要落地就需要对人、财、物进行有效的管理,这就是项目的运营。尤其对于零售服务类产品,如餐厅、生活服务、娱乐消费等项目,利润对库存水平、翻台率、平均绩效、人均销量等数据十分敏感,企业如何进行产品(服务)的生产和运营是这类商业计划书撰写中最为重要且核心的内容。在寻求资金的过程中,为了提高创业公司在投资前的评估价值,创业者需要详细介绍产品(服务)的生产制造计划,使其具备可靠性和可行性。所以运营分析的内容包含厂址选择、原材料购买、组织生产、售卖产品等多个步骤。除了运营分析,管理团队也是吸引投资人的另一重要因素。对于创意性的项目,如果拥有兼具专业性和话题性的管理团队,会增加投资人的兴趣,也能够提高企业的管理效率。所以本章将着重介绍创业型企业的运营分析和团队建设。

(一) 运营分析内涵

对于不同类型的企业而言,运营分析的内涵是不尽相同的。对于生产制作类项目,运营分析通常包括厂房选址、工艺流程和设备引进情况,生产周期标准的制定以及生产作业计划的编制,物料需求计划及其保证措施,劳动力需求情况,库存管理情况,质量控制方法等。而对于创意类企业来说,其运营复杂性相较于生产型企业来说是较低的,所以其运营分析的侧重点可以放在其他方面,如雇员、信息优势等。此外,现在很多创业型企业,通常来说是缺乏经验和资金的,加上需要快速应对市场需求的变化,所以更多的情况是将产品外包给其他企业去生产,而更多侧重营销环节,那么它们的运营分析也会有所不同。

在撰写商业计划书运营分析部分的时候,要注意取舍,不要过于细节化,而是应该将重点放在如何体现自身的优势上。可以从以下三个方面入手撰写。

1. 阐述运营流程

介绍企业业务的整个运营流程。例如,在商品流通业务中,如何挑选商品、进行库存管理等。在阐述运营过程时要注意展现自身的优势,如如何通过良好的库存管理来保证货源、节约成本,如何通过挑选合适的产品来扩大消费者群体数量等。

2. 阐述管控措施

管控措施意味着如何应对将出现的问题或避免问题,与运营流程一样,都是体现创业团队管理水平的佐证。可以在附录中放一些人员管理制度、车间管理文件、应急处理文件等,在风险防范部分也要与本章内容逻辑一致。这一部分的撰写需要尽可能地考虑到多种可能性,以及相应的解决方案。尽管这些内容可能会暴露企业当前的短处,但能够体现企业处理问题和应对危机的能力,甚至是将劣势转化为优势的战略选择,这比一味地阐述自己的优势更能让投资人信服。

3. 差异化的创业优势

在撰写运营分析时,也要尽量说明企业自身的差异化管理方式。这些内容可以被认定为是一种竞争力,从而提高投资人的兴趣和信心。在撰写运营分析时,为了提高文字内容的可行度,可以尽量使用数据进行介绍。数据可以包括用户和销售方面的数据,也可以给出一些企业内部的数据。这些数据能够增加运营分析的可信度。

(二)运营分析类型及方法

前文已经介绍了运营分析需要撰写的基本内容,但是考虑到企业类型的差异，在运营分析内容上也要具体问题具体分析。所以接下来按照生产型企业、服务型企业和销售型企业的顺序依次介绍其对应的运营分析主要内容。

1. 生产型企业运营分析

生产型企业的运营涵盖的方面是最广泛，也是最复杂的。运营分析需要涉及原材料、劳动力、设备和生产过程等多个环节。生产运营的复杂性体现在，其过程不是简单地购买、运输和出售商品，而是将原材料和劳动力转换成出售的商品。物联网技术和人工智能的发展对生产型企业的影响极大，过去的人力密集型产业数字化升级项目广受关注。这一类项目在商业计划书中运营分析包括生产设施、生产过程组织、劳动人事和原料，以及库存管理等多个方面。

（1）生产设施

生产设施包含的内容非常广泛，如水、电、通信、道路等。对这些比较标准化的设施做简略概括即可。投资人更关心的是企业的厂商和生产设施是否能够满足创业需要，他们往往深耕某些行业，有一套自己的判断准则。企业的生产设施应说明企业已有或者打算购买的设备、固定资产总额和变现情况、能够达到的产值和产量、设备采购周期等。关于设备的介绍内容不用太多，列出预计需要的设备即可。在生产设施部分主要介绍两部分内容：一是厂址选择，二是设施布置。

对于生产型企业来说，选址对企业运作具有深远的影响，是成本控制的关键因素。厂址一旦确定，固定资产投入就很难转移，同时也决定了公司将面临的环境，所以非常有必要使用科学的方法进行规划。

影响生产型企业选址的因素有如下几点：首先，选址是否接近市场所在地，是否接近原材料所在地，运输是否具有便利性，外协企业相对位置如何，是否接近劳动力资源，有无优惠的政策等。二是选择具体位置的特征，如往外扩张的可能性，排水及土壤和周围社区环境等。

对列入备选的地址需要进行科学评估，一般会采用多因素评价法。

多因素评价法是指对每个备选方案的各种相关因素进行综合评分,从而为总体评价提供合理的基础,有利于对备选地点进行比较和选择。常见的因素评价法有五个步骤。

● 列出选择的因素(如市场位置、原材料供应、社区态度、运输条件等)。

● 对每个因素都赋予一个权重。

● 给所有的因素确定一个统一的评分取值范围。

● 将每个因素的得分与其权重值相乘,再把每个方案各个因素的乘积数相加得到总分。

● 选择总分最高的方案为选址。

设施布置是指在一个给定的范围内,对多个经济活动单元进行位置安排,以确保企业内部的工作流、材料或者客户的畅通。生产型企业需要投入大量人力和物力,且具有长期性,因此公司的设施布局是否合理,对公司的生产运作成本和效率有着长远的影响。设施布置可以遵从产品原则布置、工艺原则布置、定位原则布置和混合原则布置。

① 产品原则布置。适合重复性加工,即线性流程和连续流程。产品原则布置可以使大量产品或客户顺利且迅速地通过生产运作系统。如果生产或提供的是一种或少数几种标准化水平极高的产品与服务,那么采用按产品与服务的技术加工要求来组织和排列设备就比较合理。在这种布置中,工作被逐步分解成一系列标准化作业,由专门的按照产品与服务的加工路线或加工顺序排列的人员和设备去完成。在制造业中,这种流程通常被称为生产(或服务)流水线。

② 工艺原则布置。适用于间接性的加工,对象即作业流程。工艺原则布置可以使设备系统满足多种产品加工或提供多种服务的需求。当企业加工或提供的产品与服务的品种较多,每种产品的产量都不是很大,各种产品的生产只能间断进行时,采用工艺原则布置是最有效的。这类布置以完成相似活动的部门或其他职能为特征,将相同或相似的加工作业放在一起,组成一个生产单位。

③ 定位原则布置。适用于体积大、重量重的加工对象，即项目流程。在定位布局中，体积大、重量重或其他一些因素使得移动产品难度较大，产品或加工对象停留在某处，工人只能将材料和设备移动到该位置作业，这种方法广泛适用于大型建设项目，如筑路、建房子等。与产品原则布置和工艺原则布置相比，定位原则布置所处理的是单件或极小批量的产品，且产品固定不动。定位布局会面临空间限制的问题，因此这种布置方式应该把注意力放在对材料和设备运送时间的控制上，以避免堵塞工作场地，将尽量多的工作在远离现场的地方完成。

④ 混合原则布置。混合原则布置是指企业同时存在两种或两种以上的形式布置。例如，医院基本上是工艺原则布置，但给病人医疗时常采用定位原则布置。混合原则布置常被用于既有制造环节又有装配环节的工厂中，在制造环节是工艺原则布置，而在装配环节是产品原则布置。

（2）生产过程组织

生产过程组织是否合理关系到所生产的产品是否达标。企业之间的差异也可以通过生产过程体现，具体表现在生产工艺、生产技能、环节等多个方面。因此，对生产过程及影响生产的主要因素的介绍是十分必要的。除了详细阐述每个重要流程外，还需要说明企业对成本的控制，阐述时尽量突出先进的生产组织理念和方法，如精准化生产、看板管理等；对不确定性因素的认知和应对也是撰写的内容之一。对于生产型企业来说，工艺流程、生产运营能力、生产作业计划和周期是这部分主要撰写的内容。

工艺流程是指在工业品生产过程中，从原料到制成品各项工序安排的程序和时间。具体来说，生产工艺流程就是指产品从原材料到成品的制作过程。职工要素的组合，包括输入资源、活动、活动的相互作用，输出结果、客户、价值。制定工艺流程的原则是需要技术先进和经济上的合理。由于工厂具有不同的设备生产能力、精度和工人熟练程度等，所以对于同样生产一种产品，不同的工厂制定的工艺流程可能是不同的，甚至在同一工厂不同时期所安排的工艺流程也可能是不同的。生产型企业更多关注的是制造流程。制造流程设计是指需要在流程的质量、时间、成本和柔性等方面综合考虑并形成最佳的匹配。在制造系统中有三种基本的生产类型：

第一类是单件小批生产流程。该类型一般根据订单生产产品。因此，劳动力和设备具有很大柔性，所完成的步骤具有相当大的复杂性和多样性。产品的客户需求不一致，且任何一种产品的批量都很小。这种流程不是围绕特定的产品来组织设备和人员，而是将能够胜任某些类型作业的设备和人员集中在一起，对所有需要这类操控的产品进行加工。由于客户对产品的定制化需求且不同产品的加工步骤及顺序都不一样，因此，这种流程的工作流向不是线性而是混杂的。

第二类是成批轮番生产流程。这种流程主要用于企业生产中等批量规模的相似产品。其特点是批量较大，但是提供产品的品种较少。对一种产品的一个批次进行加工，然后转向生产下一种产品。由于只有中等批次规模，不需要专门为每种产品组织设备和人员，所以流程的流向不是标准化的步骤顺序。例如，生产多种口味的冰激凌。

第三类是大批量生产流程，也称流水装配线，如计算机、汽车等。线性流程生产的是标准化的大众产品，因而可以围绕特定的产品来组装设备和人员。生产特点是产品品种较少，每道工序都是基本不变的重复加工。此外，大批量生产流程的生产任务不直接来自客户订单，而是通过销量预测，提前把标准化的产品生产出来，等待客户下单时迅速交货。

除了工艺流程外，生产运营能力也是生产型企业运营分析所需要关注的重点。生产运营能力是人员能力、设备能力和管理能力的总和。人员能力指人员数量、实际工作时间、出勤率、技术熟练水平等诸因素的组合。设备能力指设备和生产运作面积的数量、水平、开动率等诸多因素的组合。管理能力包括管理体制、企业文化、管理系统技术水平，以及管理人员的管理水平和工作态度等。

（3）生产运营能力度量

生产运营能力可以从两个方面进行度量，除了常见的投入产出度量，还有系统的设计能力和有效能力度量。设计能力是指在理想情况下，在一定时期内一个系统的最大产出能力。有效能力是指一个系统在一定的产品组合、员工工作计划、设备维修计划和质量标准的条件下，可以维持一个较长生产时期的最大产出水平。有效能力通常小于设计能力。二者可以使用一些比率来进行度量。例如，生产效率，它指实际产出与有效能力的比值；生产能力利用率，它是实际产出与设计能力的比值。生产效率可以用来衡量生产系统在生产过程中各项活动的组织管理状况。如果生产效率太低，意味着设备维修、劳动组织、质量管理以及供应等环节存在严重问题。生产能力利用率主要用以衡量企业资源的使用情况，管理者可以根据利用率水平来决定是否需要扩大生产规模。在创业初期，需要合理地对生产运营能力进行规划，这是因为此时生产运营能力难以长期保持在一个合适的状态。初期销量增长较慢，运营需要投入大量的人、财、物，而这些生产资源对于创业型公司来说是珍贵且稀缺的，所以一定要合理规划其使用。

生产作业计划是指企业生产计划的具体执行计划。它把公司的年度、季度生产作业计划具体规定为各个车间、工段、班组、每个工作地和个人的以月、周、班甚至小时为单位的计划。生产作业计划的作用是通过一系列的计划安排和生产调度工作，充分利用企业的人、财、物，保证企业每个生产环节在品种、数量和时间上相互协调和衔接。编制生产作业计划需要考虑很多因素，包括年度生产计划，临时的订货合同，机械、设备等供应情况，能源分配情况，材料定额和原材料使用变化情况等。而生产周期是指企业产品从原材料投入生产到制成品出厂时为止，整个生产过程所需要经历的时间。各个工艺阶段的生产周期的长短取决于各个阶段的时间长短和移动安排方式。为了便于编制，应分别按产品所经历的工序、工艺阶段来制定生产周期标准。

企业需要把劳动力和原材料结合起来生产产品,所以有关这两项重要投入的问题都会受到创业者的关注。在商业计划书中,需要表明公司有足够的物质资源,可以研发自己的产品。对人员的招聘要尽量细化。还要说明如何合理地雇用所需要的人员。这就需要了解当地的劳动力市场结构、失业率及工资水平。

2. 服务型企业运营分析

服务型企业是指提供产品的保养、维修、咨询等其他服务经营活动的企业,其经营理念是一切以客户为中心,以产品为载体,为客户提供完整服务。该类企业更重视客户的需求,旨在提高客户的忠诚度。服务型企业的运营分析可以在选址、服务流程和人事三个方面着重阐述。由于服务型企业的选址涉及公司的盈利能力,所以影响服务型企业选址的因素主要有三类:

一是客户到服务提供处的距离。服务型企业选址需要考虑服务设施对最终市场的接近与分散程度,选址必须靠近客户群。和生产型企业不同,服务型企业可以参考竞争者的选址,因为几个竞争企业聚集在一个相对集中的地点将会比同类的店铺分散在不同的地点能吸引更多的客户。

二是对于线下服务,或者是需要客户上门消费的服务,那么在提供服务的时候需要考虑周边的交通条件。

三是对于线上服务,服务提供者与客户在虚拟空间完成交易,这里主要考虑物流仓储的影响。

服务流程设计指在服务流程中客户主动参与并接受个人关注的程度。需要考虑的是与客户的接触程度。根据与客户的接触度,也可以将服务流程划分为三类:

第一种是前台办公室。该流程具有很高的客户接触度,服务提供者在这里与客户进行面对面的互动。由于服务中的客户化和服务选择的多样性,流程较为复杂,而且其中还存在许多步骤对每个客户都不同,呈现出很大程度的多样性。但也有许多标准化的服务模块,如一些销售模块。

第二种是混合办公室。这种流程具有中等程度的客户接触度和标准化服务,提供一些可供客户选择的服务方式。工作流程沿着既定规则从一个提供者向下一个提供者移动。工作的复杂程度较适中,对流程的实施存在一些既定模式。

第三种是后台办公室。其主要特征包括:具有很低的客户接触度,服务很少特殊化,工作是常规和程序化的。该类模式的工作范式为流水线式,即从一个服务提供者流向下一个服务提供者,直到服务完成全部工作。

人事对于服务型企业运营来说尤其重要,这是因为对于服务型企业来说,人力资本在企业资本中的占比高,对设备的投入少。劳动力的成本,员工的销售技巧和服务是否成熟在很大程度上决定着工作效率和市场接受程度。人力资源是服务型企业中最具有灵活性和创造性的资产。服务型企业的运营要时刻关注国家政策、法律,因为这些因素会影响提供的服务,使得服务发生变化。

3. 销售型企业运营分析

和生产型企业、服务型企业相比,销售型企业自己不生产产品,只进行销售,多数从事专业产品的销售与维修服务。销售型企业的模式相对简单,无非是采购、运输、把产品卖给客户或提供必需的技术服务。对销售型企业来说,其运营的成败主要取决于员工。员工主观能动性是创造产值的关键,员工管理是核心问题。因此,运营分析可以主要阐述与员工管理相关的内容和对策。

对于销售型企业来说,销售过程的表现、流程执行、和客户沟通,以及了解和改变员工思想等是整个员工管理的核心,是不能忽视的。而在这当中,选对销售部门的负责人起到重要的作用。部门的负责人一方面促进企业运行规范发展,一方面缓和员工和企业管理需求之间的矛盾。除此以外,每一位员工自身的沟通能力也很重要,尤其是经手采购环节的员工。以合理的价格获得畅销商品的可靠货源是每一位企业采购员的技能。撰写计划书时重点笔墨应放在如何获得竞争力产品的供应上,可谈及采购员业绩,也可详述与相应产品制造商之间的供货协议。另外,由于员工在整个销售型企业中的重要性程度较高,所以如何进行员工和团队的管理是非常重要的。因此,商业计划书中也可以讨论这一部分内容,高度重视员工管理,可谈及重要职员的合同等相关细节。

除了员工管理,对于销售型企业来说,技术能力也有重要作用。先进科学的管理技术是企业改进管理的根本,如何利用它减少浪费、降低成本、提高效率、提高质量,如何利用技术创新来提升企业竞争力是企业内部管理最关注的问题。如果企业已经使用或者准备使用某项前景看好的技术为客户提供服务,就应当在商业计划书中提及。这一系列相关内容也可以增加投资人对企业业务的信息和信任度。

(三)管理团队介绍

如果说企业的运营分析强调的是企业的硬实力,那么管理团队则是企业软实力的体现。一个优秀的管理团队,对于企业来说尤为重要。同时非常有吸引力的管理团队,也是投资人关注的重点。管理团队的专业性能够进一步为项目成功背书,是投资人做出判断的重要依据。因此,在商业计划书撰写上,需要对创始人、核心管理团队、团队工作模式等多个方面进行介绍。这部分的内容可以灵活处理,尽量体现亮点。

1. 创始人描述

团队的核心人物往往会影响投资人的决策,因此创始人的介绍需要尽量突出特点。创始人指组织并成立公司的创办人。多数创业企业可能有一位或者多位创始人。在介绍创始人的时候,可以包括四个方面。

(1) 职业履历

在这个部分介绍创始人的教育经历和工作经历,介绍重点包括个人信息、教育水平和工作经历。个人信息涵盖姓名、年龄、职业以及业务范围。教育水平包括高等教育的项目或课程,重点说明与本次创业相关的教育内容、学位证书和荣誉证书等。关于工作经历,主要介绍与本次创业项目相关的工作经历,并突出在这些相关工作中所担任的角色。

(2)生涯成就

介绍创始人到目前为止,其在职业生涯上所取得的成就。商业计划书中对创始人生涯成就的阐述可以集中在职业与相关项目两个方面。关于职业,主要突出与本次项目相关的经历。关于项目经历,突出创始人的经验。这些对投资人而言都是可以增加可信度的信息。

(3)精彩故事

创始人的个人魅力有时也是打动投资人的关键。通过个人的经历故事来吸引投资人,说明创始人的人格魅力和做事态度,进一步增加投资成功的可能性。

(4)人脉资源

创始人所在领域的人脉资源,也是投资人所看重的方面。例如,创始人拥有多名圈内名人的友好关系,或者与部分专业投资人有联系。这些专业人士都可以看成是给这个项目进行的背书,进一步增加创业成功的机会。

2. 团队成员描述

除了创始人,核心管理团队也是投资人在进行投资时的重要考虑。毕竟企业的日常经营活动并不可能仅仅依靠某一个或者几个创始人,专业的管理团队才是关键。管理团队指由企业若干管理人员组成的,能够执行决策和管理操作的团队。核心管理团队通常由创始人和其他高级管理人员组成。这部分的内容撰写可以包括五个方面。

(1)管理人员职业履历

和创始人相比,管理人员的内容要更加精炼,总结性说明该管理人员的姓名、性别、年龄、职务以及重要的学历和经历即可。

(2)管理人员的工作职能

对相关管理人员的介绍,有助于商业计划书的读者把业务搞清楚。

需要介绍的人应该是负责某一方面事务的最高决策人员和管理人员。

（3）管理人员优势展示

针对不同岗位或者不同职业，介绍对应管理人员的优势。该部分应尽量具体、客观、契合度高。

（4）团队结构展示

将整个公司的团队结构和团队属性展示给投资人，了解公司和整个团队情况与组织结构。这部分内容如果比较复杂的话可以配合一些结构图呈现。此外，展示管理团队具备优秀属性。常见的优秀属性有忠诚、敬业、负责、高效、结果导向、合作沟通、积极进取、感恩等。这些优秀属性可以让投资人相信团队是一个高效的、互助的团队。

3. 团队其他信息

除了管理团队的基本介绍外，商业计划书的撰写中还可以介绍团队的管理模式。管理模式指使用何种方式管理团队，常见的有以责任转移为中心的分权管理、以明确目标为中心的目标管理等。这一部分的内容撰写可以从以下四个方面切入。

（1）团队整体表现定位

团队结构有五个方面的内容，即团队目标、人才、表现定位、成员权限、共同计划。团队整体表现定位可分为问题解决型、自我管理型、多功能型、共同目标型。这其中多功能型是最常见，也是最被看重的类型。

（2）团队人才的互补优势

一般来说团队需要八种人才，即创新型、信息型、管理型、实干型、协调型、监督型、细节型、凝聚型。创新型人才的优点是自身能力突出，拥有创造力，缺点是不擅长交流和合作。信息型人才的优点是获取信息能力强，缺点是可能缺乏严谨的工作态度。管理型人才的优点是具备组织能力，自我约束能力强，缺点是不赞同冒进，对于不同意见的接受程度低。实干型人才的优点是没有拖延毛病，缺点是缺少突出的思考能力。协调型人才的优点是能有效地引导不同技能和个性的人为同一个目标服务，缺点是在拓展业务、创造力方面较弱。监督型人才的优点是不情绪化且有较好的批判能力，缺点是不擅长激励。细节型人才的优点是注重细节，缺点是过于追求细节。凝聚型人才的优点是维护团队利益，缺点是优柔寡断，在组织需要当机立断时容易延误时机。

（3）团队需要协作能力

以团队合作为基础形成团队精神，达到能力互补，使得团队可以充分包容、行动支持、保持求知、共用资源。突出团队的全面性有利于提升投资人的投资意向。

（4）团队管理模式

在这一部分可以介绍管理者与下属、企业外部智库资源、人力资源等。介绍时需要涉及的相关方面主要有人员的教育背景、工作背景、业绩、领导能力等。对关键人物介绍，采用逐个介绍的方法，关键人物不超过三个。对于技术类项目，企业外部智库资源十分必要，比如外部人员或机构，特别是企业在法律、财务、管理、具体领域、战略合作企业、产品营销顾问等。对于零售服务类项目，盈利水平对人力资源成本非常敏感，人力资源的微小涨幅，可能就降低了项目的利润率。因此，这类项目人力资源管理方面的制度和规划是必不可少的，包括人力资源规划、招聘与配置、培训与开发、绩效管理、薪酬福利管理、劳动关系管理。在人力资源管理方面投资人看重激励机制和约束机制。

二、写作训练

为你的项目商业计划书撰写运营管理和团队介绍。运营管理是将项目的具体运作方式、运营管理制度（或现状）展示给读者。对于不同类型的创业项目，投资人（评委、潜在合作者）的关注点可能不同，可以说在这个环节既要展现日常经营的全貌，又要给出日常经营的细节，换句话说公司的战略、商业模式、STP 要通过运营管理，拆解细化到具体的"人、货、场",是与客户对接的一线工作,也是数据收集和效果监控的基础。当然,如果该部分涉及公司机密,也需要做一些保护措施。

最为关键的因素就是"人",尤其当投资人对技术项目方案了解不深或者难以处理技术相关信息时。比起技术方案,项目创始人的学历、职称、创始人及其团队的声誉、相关行业从业经验、是否有过重要获奖等都是读者大脑容易处理的信息。创始人及其团队与本项目相关的信息可以向读者发射信号:该团队可以将项目做成、做好。

关于这一部分,撰写时要回答两个问题:本项目是怎么做的? 是什么人做的? 在写作之前,需要紧紧围绕以下这几个问题展开构思:

- 这是一个生产型项目、服务型项目还是销售类项目?
- 原材料(商品)如何挑选? 如何采购和库存管理?
- 店铺选址在哪里? 选址标准是什么? 店铺装修设计突出差异的元素是什么?
- 对外的人力资源招聘如何开展? 标准是什么? 绩效如何管理?
- 运营管理过程如何管控?
- 介绍创始人哪些信息? 介绍核心团队成员哪些信息?
- 与项目有关的专家、顾问有哪些?

三、学生写作案例及问题诊断

下面向大家展示一个由学生团队撰写的商业计划书《××牌新能源汽车充电装置》,从中截取了运营管理和团队介绍部分,并向大家展示诊断结论。

(一)案例《××牌新能源汽车充电装置》

新能源充电桩行业可以充分借助新能源汽车的大幅普及乘上这波东风,而目前市场还有大量空白,国内充电桩、充电站普及度还有很多提升空间。行业内充电桩建设正处于高增长率发展阶段,市场对充电桩、充电站的需求仍远未达到饱和状态。而目前充电桩服务当中私人汽车充电占比小,仍然需要运营企业采取措施予以解决。未来充电桩行业的机会可能存在于私人桩以及中小城市的社区充电站领域。而风险在于充电站的运营管理尚处于起步阶段,尚未对其服务范围进行清晰定义,尚未建立成熟的运营管理模式。建设运营主体不明确已经成为电动汽车商业化应用的瓶颈问题之一,而这也是新兴充电企业的突破点之一。

产品名称:夔牛牌新能源汽车充电装置

产品包装:采用快递邮寄充电桩有一定的挤压与碰撞风险,因此在邮寄包装方面采用木制板材作为外部抗压材料,内里填充缓冲泡沫板以及其他缓冲材料。在产品包装方面,由于使用过程中一些天气现象可能会影响产品使用寿命,采用钢制板材制成充电桩的配电和保护箱,并在其外壳注明危险标志。

产品内含充电桩、充电桩配件,以及配套充电箱和安装打孔器材等。

……

第四章　运营分析

一、生产管理

现阶段如何在提升资源利用率的基础上节约成本是重点,而精益生产管理模式有助于节约管理成本。以下是生产管理的几个问题及简略解决方案。

1. 生产管理布局不合理

很多企业在生产管理过程中存在生产方法不合理现象,没有将人工和仪器合理运用,浪费时间,还增加了生产资源的成本,不能够灵活有效地进行生产。适合用人工组装的地方使用人工,精密电路板及电池的生产由自动化机床生产。

2. 生产管理较为松散

在新能源汽车充电桩生产中对于工作人员的管理较为松散,没有严格的管理方案和模式,也没有创新管理思想。工作人员只是进行简单的上岗培训,而没有深入地了解工作中的操作注意事项;对于产品的质量控制也无法把握，对于生产仪器掌握得并不熟练，没有丰富的经验，在操作过程中只是按照规定进行简单的操作，其中的工作速度就是由工人的速度所决定，这样的情况就会导致产品质量不能得到保证，还会增加产品生产的时间。应该对工人进行深入教学以及发放仪器使用手册，提高工人素质。

3. 物流、库存管理并不严格

新能源产业发展时间较短，所以并没有严格的物流管理方案，主要就是根据实际情况随意摆放，不利于人员对于库存的了解和审核，造成了资源的浪费。物流和库存的问题直接影响到新能源汽车充电桩的经济收入和质量，一旦出现质量问题，查找过程非常麻烦。运输成本问题采用与多家快递公司合作，运输过程中出货进货有规定地点摆放的解决方案。

4. 回收旧充电桩，以防止污染环境，避免浪费资源

二、供应链管理

总体来说，如今充电桩产业链主要涉及上游供给端、中游建设运营端以及下游服务端。

上游供给端也就是整个充电桩产业链的起始部分，负责向产业链中下游供应，主要包括三类企业。

第一类是充电桩的生产厂家，比如郑州森源新能源、特锐德、万马集团等，充电桩个别设备的制造厂家以及充电桩零件的生产厂家，如生产液冷充电模块的动力源、生产充电枪的胜蓝公司、生产磁性器件的京泉华、生产 FS—TrenchlGBT 高功率器件的华微电子、生产直流检测仪的威胜信息等。

第二类是电力供应商，这个主要是国家电网、南方电网、中国华能等大型能源电力企业。

第三类是场地供应商，从大的方面讲，主要是房地产公司万科、恒大、融创等；从小的方面讲，这个就比较多了，比如供应场地的停车场公司，供应场地的高速公路公司、供应场地的学校、产业园等。

中游建设运营端是整个充电桩产业链的中游，他们负责充电桩的建

设及运营,是产业中的核心环节,主要包括三类企业。

第一类是专业电网电力能源公司,比如国家电网旗下国网电动的 e 充电平台、南方电网的顺易充平台、英国石油公司旗下的充电站平台。此外还有一些地方政府电力公司的充电平台,比如作为全国首个省级统一电动汽车充电公共服务平台——贵州省电动汽车充电设施运营监控与服务平台等。

第二类是充电运营商,比如特来电、万马爱充、星星充电、云快充、中国普天电等充电运营平台,他们有的是充电桩生产厂家,比如特来电、万马爱充;而有的是充电运营商,比如星星充电、云快充。

第三类是车企,比如特斯拉、上汽、比亚迪、小鹏等车企的充电运营平台。

截至 2021 年 4 月,国内充电运营企业运营充电桩数量超过 10 万台的共有 3 家,运营超过 1 万台的共有 10 家。排在第一的是特来电,运营217 460 台充电桩;国家电网排名第二,运营 196 484 台充电桩;排名第三的是星星充电,运营 183 759 台充电桩。

下游主要以赋能中游为主,通过平台为中游实现引流以及数据的互联互通。主要是互联网公司、百度地图、高德地图,以及滴滴旗下的小桔充电等,都在布局充电桩市场。和传统运营商自建充电桩不同,这些企业主要以聚合中小平台的充电桩为主。吸引充电需求用户,通过集合多家充电运营平台的业务并结合自身的数据优化,同时整合多家的充电桩资源并定义配比策略,帮助充电运营商实现收益的提升。

当下,新基建正在加速产业融合发展,充电桩产业链正在不断刷新。目前,除了充电基础设施产业链直接的参与者之外,出行公司、科技企业、互联网巨头等新玩家也在纷纷涌入该行业。相信随着技术的不断进步、资源的不断融合、平台的整合互通,我们使用充电桩会更加方便快捷。具体数据请参考下表:

排　名	运营商名称	运营充电桩数量(台)
1	特来电	217 460
2	国家电网	196 484

排　名	运营商名称	运营充电桩数量(台)
3	星星充电	183 757
4	云快充	64 682
5	南方电网	40 886
6	依威能源	26 401
7	上汽安悦	19 967
8	深圳车电网	16 296
9	万马爱充	15 185
10	中国普天	15 070
11	云杉智慧	9 167
12	桩到家	8 453
13	易充网	6 313
14	珠海驿联	6 117
15	南京能瑞	5 624
16	森通智达	4 757
17	万城万充	4 543
18	深圳巴士	2 887
19	联合快充	2 725
20	特斯拉	2 492

三、营销管理

1. 确保电能运行稳定

现今的电动汽车充电桩市场,产品同质化现象明显。据此,从产品中提升经济效益具有很大难度,应该在保障产品质量的基础上努力完善产品服务,进而扩大产品销售范围,以期更大的经济效益。首先,应该做到不断完善电力网络。太阳能的影响而导致诸多不稳定因素,应该考虑合理适配电力网,进而保证电能的优质与稳定。

2. 充电流程的电子化管理

由于市场对于充电桩性能的要求不同，所以在销售时应及时关注目标客户群体的不同需求。环保电动汽车充电桩的建筑占地面积较大，发电效能较高，可能不适用普通个体消费者。需要联结多个个体消费者形成消费网络群体，这就需要有营销技术服务管理系统，掌握不同群体的不同需求并在此基础上有需求预测、报修投诉、电费管理等不同模块功能，尽可能实现充电流程的电子化管理，便于个体消费者及时找到消费网络群体享受充电桩服务。同时可以利用电子化管理掌握用户在用电过程中的困难与限制，并及时反馈以便于调整服务内容，创建高效、便捷的服务标准，最大限度地满足电动汽车用户的充电需求。

3. 开拓信息发布功能

开发环保电动汽车充电桩的 App 系统，给用户提供方便、及时、快捷信息服务平台。

例如，用户可以通过 App 及时了解电动汽车充电状态及完成充电的剩余时间，在行驶途中及时掌控附近环保电动汽车充电桩的所在位置进行及时充电。App 开发模式主要可以借鉴以下两种：

（1）借助已有微信平台进行服务营销。微信作为更快速的即时通信工具，传播到达率100%，使沟通更灵活、更智能。微信的用户基数大，用户关注快，且可以享受运营上为其量身定做的有针对性的服务，其实用性最强。

（2）自主开发产品 App 进行服务营销。前期用户市场开拓及资金投入较大，对于新兴产品不建议使用此种模式，在后期客户量增大后可以根据实际需求进一步开发自主 App 软件应用。

4. 关注用户体验

对用户使用信息资源进一步深入精细加工，充分揭示其中隐含、分散、动态的信息，促使信息情报化，实现信息的增值性，达到提高产品质量的目的。通过 App 平台及时掌握用户消费体验状况，定期对固定用户进行电话回访，派专业人员对环保电动汽车充电桩进行定期检查，让客户在购买此产品后感到物有所值，让消费不仅仅是一次性购买，还帮助推销产品，建立产品与终端之间、终端与终端之间的良性关系。同时，利用现有营销"大数据"，实现用户在线监测掌上运用，开发需求响应互动功能，为用户提供灵活双向互动服务。有针对性地服务平均电价高、能效水平低的用户，赠送移动服务终端；为大型企业免费提供能效诊断服务，对不合理的企业用电进行指导。

第五章　管理团队

一、组织架构

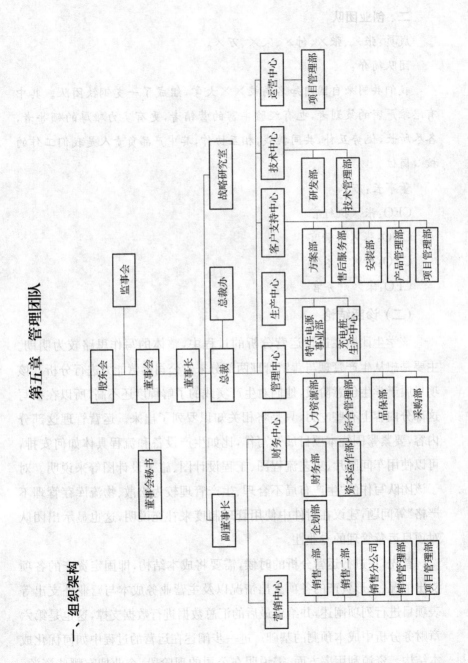

二、创业团队

成员:张×、张×、付×、宋×、万×。

团队简介:

我们共同来自国内知名高校××大学,组成了一支钢铁团队。其中有思维严密的策划者,也有经验丰富的营销者,更有实力雄厚的领导者,各尽所长,优势互补,共同挑战,相互协作,其中产品负责人是我们工作的核心岗位。

董事长:万×

CEO:张×执行官

COO:张×运营官

CTO:付×技术官

CFO:宋×财务官

(二) 诊断结论

该学生团队在进行运营分析的过程中,整体的写作思路较为明朗。主要是想从生产管理与营销管理两部分来对公司运营能力进行分析。该项目属于学生创意阶段,他们对生产实践的了解程度还不高,所以在撰写这部分内容上有些吃力,只是将相关知识罗列了出来。运营管理这部分内容,要紧紧围绕本项目展开写作,比如生产设备和流程具体如何安排,可以使用车间图片、工艺流程图、工程设计图、施工设计图等来说明。对于该团队写作的"生产布局不合理、生产管理较为松散、物流库存管理不严格"等问题,建议在附件中使用管理制度来补充说明,这也显示出团队对项目运营管理的专业性。

首先,在进行运营分析的时候,需要将成本结构,即固定资产的各项支出情况、无形资产的各项支出情况以及主营业务成本与营业外支出等表项目进行列项阐述,并给出最后的汇总数据进行数据支撑,这也是第六章财务分析中成本预测的基础。进一步阐述在运营的过程中如何优化成本结构。资源利用率方面,需说明在公司的现阶段,企业拥有哪些资源,企业还需要哪些资源,有哪些资源是已经利用的,有哪些资源没有利用。在这个过程中,可以通过因素分析法的方式将不同类型的资源赋予不同单位的权重进行描述性统计分析,进而科学地得出资源利用率。

该团队在进行运营分析的过程中,提到了要用供应链管理的方式来进行运营能力的分析。那么,在进行供应链管理分析的过程中,需要明确地向投资人及评委说出企业是如何缩短现金周转时间,如何降低企业面临的风险,如何实现盈利增长以及提供可预测收入的。该团队仅对行业的上游产业链进行简单陈述,其在运营分析中,建议给出一个明确的结论,哪些企业组成自己的供应链系统。需要说明的是,如今的企业要应对快速变化的环境,需要与其他企业在利益共享的基础上形成一种优势互补、分工协作的战略联盟。对于创业型企业来说,一个在行业内有很大影响力的供应商也是项目成功的保障,这意味着创业型企业纳入了知名企业的战略联盟中去,受到知名企业的影响。

运营管理分析的写作是为了告诉评委和投资人"该项目是怎么做的?",把"解决客户的痛点"的想法分解为具体的工作内容。该团队只是从"确保电能运行稳定、充电流程电子化管理、开拓信息发布功能与加强用户体验"四方面进行了陈述。而这四个部分的内容,似乎对每一个新能源汽车充电桩企业都能适用,那么针对本团队、本项目的优势在实际操作中如何体现呢?

其次,该学生团队在写管理团队这部分的内容时,内容十分单薄。采用的组织结构是直线型,图片直接参考了其他企业。对于投资人来说,"团队是谁? 他们的行业经验如何?"是商业计划书最为重要的内容。在撰写管理团队的过程中,需要说明现有的团队管理模式对于这个项目的发展具有什么样的优势,团队的每一位成员具有什么样的能力能促进整个项目的发展,以及团队内的技术指导具有哪些不可替代性。

第六章　财务分析与融资计划

资金问题是一个项目的重中之重,从投资人的视角来看,未来的收益情况事关投资人的切身利益,因此合理、准确的财务分析能够为投资人树立信心;从创业者的视角来看,一份优秀的商业计划书或者一个极具市场前景的项目能否真正落地,能否从创业机会变为现实价值,归根到底取决于其是否能够获得项目启动和前期运营所必需的资金,因此翔实、可行的融资计划能够帮助创业者获取必备资源。本章将对财务分析和融资计划部分展开详细的探讨,以期对投资人关心的重要问题(如何制定财务计划、如何进行财务预测、是否具有融资必要、常见的融资渠道、一些常见的融资误区以及如何在商业计划书中准确传递财务预测等问题)进行阐述。

一、基础理论

如前所述,财务分析事关投资人的切实利益和投资回报,往往成为一份商业计划书中投资人核心关注的焦点。一份具有合理性、专业性和吸引力的财务分析不仅从现实收益的角度佐证了项目的市场竞争力,而且能够极大地帮助投资人树立投资信心、降低感知投资风险,从而为融资计划的实现奠定坚实基础。因此,创业者制定切实可行、真实可信的财务计划并将其准确无误地呈现于商业计划书中,成为创业者必须掌握的核心技能之一。而想要制订出优质的财务计划并在商业计划书中恰到好处地呈现重要数据指标,不仅需要专业素养做支撑,更需要切实了解投资人的需求。知己知彼方能百战不殆,一份好的财务分析不仅要能够全面、准确地反映财务数据,更要能够打动投资人,因此投资人关注的重要问题决定了财务分析部分需要重点呈现的运营数据及财务指标。

综上所述,本章主要解决以下几个和财务分析相关的重要问题:财务计划制订的关键步骤、财务计划中需要重点呈现的内容、财务预测的三大核心要素,以及如何在商业计划书中呈现具有专业性和吸引力的财务分析。

(一) 财务分析概述

财务计划是创业团队综合反映其资金及财务信息的整合文件,该文件需要包含项目的资金需要、资金使用情况、经营收支明细以及未来财务预期等。从创业者的视角出发,财务计划是创业者及其团队的指导纲要之一,不但反映了创业团队的利润目标和财务分配,而且为其项目反馈提供依据,项目想要实现预期利润目标就需要健全权责制度、合理进行发展活动,从而为项目的阶段评估和效果评价提供现实指标;从投资人的视角出发,财务计划是投资人的评估依据和信息来源,不但帮助投资人评价创业者的专业性和项目的发展前景,而且为投资人的资金投入提供合理依据。

一份有效的财务计划不仅要突出市场竞争力和项目发展前景,更重要的是要真实、准确、可信。一份财务计划,只有令人信服,才能够最终打动投资人,它不仅反映了创业者的专业性,更体现了创业者的财务道德。因此,一份好的财务计划不能天马行空、无中生有,而是要建立在真实性、全面性、及时性的基础上来完成。因此,商业计划书中财务分析的撰写者不仅应当具备基本的财务知识,更应该具备对项目信息和市场信息的深入了解,并建立在尊重市场现实、突出项目优势的基础上,将产品或服务的生产信息、销售信息、原材料供应商信息、人员薪酬和团队发展资金情况、项目固定资产投入、项目所需备用金以及短期、中期和长期的财务发展预测囊括于财务分析之中,不但反映项目运营当下的财务需求和回报,而且体现项目的发展性和预期成果,从而为项目运营提供指标性指导、为项目融资提供切实依据。

（二）财务计划的制订

如前所述，有效的财务计划不能是随心所欲、天马行空的，那么，如何制定一份切实可行、全面有效的财务计划呢？需要遵守哪些基本原则？是否有固定的财务计划标准？财务计划中包含哪些内容才算完整？财务计划包含哪些形式？下面将围绕商业计划书中财务分析撰写中常见的上述问题展开讨论。

1. 财务计划的基本内容框架

财务计划要能够完整反映项目的重点财务现状及发展预期。在制订财务计划并撰写财务分析的过程中需要做到两点：完整和重点。即财务分析既要全面反映，又不可事无巨细。那么哪些是应该和必须呈现在一份商业计划书中财务分析部分的内容呢？

通常来说，商业计划书的撰写没有固定的模板和范式。同样的，财务分析也不存在全球通用的模板。每个项目、每个团队应该根据团队自身特点和项目发展重点、独特优势进行财务计划的打造。但是，一个完整有效的财务分析也有基本应该遵循的内容框架，而该框架也称为撰写财务分析的指导。具体来说，一份财务分析至少应包含以下六个部分的内容：基本财务报表、项目资金需求、资金流向分布、未来利润预期、财务系统构建和信息反馈机制。下面将对上述六个要素进行简要分析，一方面阐述每个要素应包含的基本内容，另一方面分析每个要素在财务分析中的作用和地位，以期能够形成对于财务分析内容框架的整体概念。

（1）基本财务报表

财务报表是反映企业或预算单位一定时期资金、利润状况的会计报表。财务报表不仅是财务状况真实、直观、全面的反映，更是项目财务分析、项目执行反馈的重要依据。一方面，财务报表是财务管理的专业呈现，将项目相关的财务数据列示呈现，相关数据不仅具有真实性和专业性，而且是进行财务分析和关键运营指标计算的重要数据基础；另一方面，将财务报表的数据作为项目发展的评价依据，项目实施情况如若偏离预期计划,能够及时为管理者提供预警,迅速分析偏差原因,及时修正失误,促进项目后期良性、有效、按照预期地发展。基本财务报表遵循财务管理的基本理论和会计规范,主要包含以下几类常见的报表形式:资产负债表、损益表、现金流量

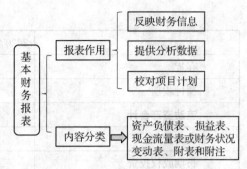

图6-1 基本财务报表作用及内容

表或财务状况变动表、附表和附注(见图6-1)。在商业计划书中的数据有的是反映过去的数据,有的是预测未来的数据,要根据撰写商业计划书的目的有所区分。

其中,资产负债表反映企业资产、负债及资本的期末状况,长期偿债能力,短期偿债能力以及利润分配能力等(见表6-1);利润表(或称损益表)反映本期企业收入、费用和应该记入当期利润的利得和损失的金额与结构情况(见表6-2);现金流量表反映企业现金流量的来龙去脉,当中分为经营活动、投资活动及筹资活动三部分;所有者权益变动表反映本期企业所有者权益(股东权益)总量的增减变动情况,还包括结构变动的情况,特别是要反映直接记入所有者权益的利得和损失;财务报表附注一般包括如下项目:企业的基本情况、财务报表编制基础、遵循企业会计准则的声明、重要会计政策和会计估计、会计政策和会计估计变更及差错更正的说明和重要报表项目的说明。

表6-1 资产负债表示例

	2020 年期末	2021 年期末	2022 年期末
资产			
流动资产			
货币资金			
应收款项			

	2020 年期末	2021 年期末	2022 年期末
存货			
预付款项			
流动资产合计			
非流动资产			
长期股权投资			
固定资产投资			
无形资产			
非流动资产合计			
资产合计			
负债和所有者权益			
流动负债			
短期应付票据			
一年内到期的长期负债			
应付款项			
应交税金			
应付股利			
流动负债合计			
非流动负债			
负债合计			
所有者权益			
实收资本			
未分配收益			
所有者权益合计			
负债和所有者权益总计			

表 6‑2　利润表示例

	2020 年	2021 年	2022 年
营业收入			
减:营业成本			
毛利			
减:销售费用			
管理费用			
财务费用			
营业利润			
加:其他收入和支出			
税前净利润			
减:所得税费用			
净利润			

（2）项目资金需求

项目资金需求是财务计划的关键内容之一,翔实的项目资金需求不仅是融资计划的依据,也是创业者对项目全面了解的体现,同时,合理的资金需求列示能够将项目、团队、产品等方面的相关资金问题细化并明确,从而能够有效避免项目在实际运营过程中因资金需求预期不足造成的中断甚至是夭折,也能够避免在项目发展过程中因资金问题发生分歧和纠纷从而影响项目长期发展。因此,详尽的、合理的项目资金需求不仅降低了投资者的风险,也保护了项目发展的资金基础,对项目的成败具有举足轻重的作用。

因此,在项目资金需求方面需要尽可能详尽地考量所有与项目运营相关的固定成本和浮动成本,以确保项目正常运营资金链不断裂、项目偶发状况备用金充足。具体来说,购买基本生产资料和设备的资金投入,运营场地的资金维系需要,与产品或服务生产、销售和推广相关的费用,人员和团队发展的所需资金等都应该分条列示、计算清晰。

（3）资金流向分布

资金流向分布不仅是项目监控的必要依据，也是投资者资金保护的重要手段。清晰、合理的资金流向分布不仅可以帮助企业有效监控发展状况，了解流动资金比例和资金使用概况，从资金流向中反思项目进展状况，总结项目存在问题，避免项目可能的损失；同时资金流向分布能够明晰项目的负债率、避免项目资金使用不明，从而在一定程度上对项目投资人负责。

在资金流向分布部分，应当全面呈现项目内部和外部的资金流向，如内部资金使用和外部融资需求等。总而言之，一切有可能影响项目运营发展的资金流向都应该真实、全面、详尽地加以说明。

（4）未来利润预期

利润不仅是项目的重要目标之一，也是投资人的核心利益之一，因此利润预期在整个财务分析中占据重要地位。一方面，利润分析能够从现实价值的角度评估项目的市场前景和发展竞争力；另一方面，利润分析能够增强投资人的信心，对投资人具有重要吸引力，而利润预期也反映了创业者对投资人的权责义务。

在未来利润预期部分，可以将项目发展分为短期、中期和长期三个阶段，根据项目在每个阶段的市场前景和运营状况预测利润。

（5）财务系统构建

财务系统是项目财务状况的制度保障，不但能够为项目发展提供制度支持、为财务分析提供制度要求，而且可以通过精准、清晰的财务信息引导管理者做出恰当的财务决策。

在财务系统部分，要明确财务系统是根据财务相关要求设立的运营体系，主要包括财务人员安排、职位要求、职责明确、管理权限、财务信息准则等。

（6）信息反馈机制

财务信息是项目评价的重要依据之一，因此建立健全财务反馈机制具有重要意义。当原定计划不符合市场发展要求,当项目实际运营偏离原定计划时,财务数据会直观地加以反映。因此,通过建立财务信息反馈机制,帮助企业适时调整发展规划、总结偏离原因、修正运营不足,能帮助项目更好地、更持续地向着预期目标发展。

财务信息反馈机制可以根据团队特点和项目需求而构建,但需要注意的是,项目的信息反馈机制一般要包含内部和外部两个信息反馈系统,从而全面观察市场变化、监控项目进展。

2. 财务分析的重点问题

财务分析是商业计划书的关键部分之一,也是投资人重点关注的内容之一。因此,翔实可靠的财务分析对于一份优质的商业计划书至关重要。如前所述,财务分析需要遵循基本的内容框架以囊括五个基本要素以确保完整性和专业性,但同时财务分析不能一概而论,要重点突出。那么,在一份财务分析中,哪些问题应该被重点体现是十分重要的命题。

要想有效地突出财务分析的重点,就必须掌握投资人的心理,做到有的放矢。通常来说,面对财务分析部分,投资人最关注的问题主要包括以下三个:资金规划是否合理;数据预测是否真实;财务运营是否存在隐患。因此,有效的财务分析必须解决投资人上述三个方面的疑惑,打消投资人在上述三个方面的顾虑,从而提高投资人对项目的信心和兴趣。具体来说,要想实现上述目标,在一份财务分析中应该重点突出以下四个部分的内容:资金需求详情、项目财务信息概况、项目评估价值和项目经营目标。

3. 财务分析的基本原则

财务分析应该因项目而异,在撰写财务分析的过程中应该具有灵活性、针对性和创造性,但同时优秀的财务分析也应该具备基本的撰写原则以体现专业性和严谨性。

具体来说,财务分析应该遵循以下五个基本原则:

第一,项目重点突出。财务分析应该切实从项目自身出发,结合现实情况,具体分析项目的财务需求和财务预期。

第二,符合财务准则。财务分析的基础是财务报表和财务知识,因此撰写财务分析的过程必须建立在遵守基本财务准则和要求的基础之上,符合相关法律法规的要求。

第三,财务举措翔实。在财务分析中涉及的财务目标和相关举措应当翔实可行,能够切实在项目运营中得以实现和检验,而非空中楼阁。

第四,满足经营需求。财务分析是服务于项目运营和发展本身的,因此财务分析要切实符合项目经营需求和现实,既不能夸大现实也不能瞒报需求,要真实、合理。

第五,循序渐进发展。项目的发展不是一蹴而就的,项目的财务状况也不是一成不变的,项目的预期投资收益和财务预测应该符合项目发展的生命周期,循序渐进,制定短期、中期和长期的规划,同时项目的财务分析也应该逐步推进,根据项目发展的现状,适当选择分析周期。

4. 财务分析的作用

财务分析内容框架中不同部分都具有不同的作用,但究其根本,一份财务分析至少应该包含以下三大作用:了解项目过去的发展状况;验证现有商业模式和增长策略的效果;预测项目的未来发展趋势。

(1) 项目的既有发展

项目过往的发展情况是一个创业者在面对投资人时避无可避的话题,那么如何才能给投资人留下深刻的印象呢? 首先要具备投资人思维,即介绍项目发展背景的时候要切中投资人的需求,全面介绍过往的情况。

(2) 验证商业模式和增长策略

实践是检验真理的唯一标准,以已有的财务数据和利润分析来评判商业模式的可行性和增长策略的效果是最直接的途径。

(3) 预测未来发展趋势

项目的未来前景和可行性对投资人具有巨大的吸引力,因此,在财务分析部分,要重点呈现基于现有数据,结合未来环境,项目可能的发展趋势。

5. 财务分析中的一些重要指标

整体来说,根据投资人的需求和财务分析的作用,在财务分析中应该包含和资产增长率、利润增长率等相关的重要指标。下面将对财务分析中应该涉及的一些重要指标进行简要分析。

(1) 偿债能力指标

① 短期偿债能力指标有流动比率和速动比率两个。

$$流动比率＝流动资产÷流动负债×100\%$$

一般情况下,流动比率越高,短期偿债能力越强。从债权人角度看,流动比率越高越好;从企业经营者角度看,过高的流动比率,意味着机会成本的增加和获利能力的下降。

$$速动比率＝速动资产÷流动负债×100\%$$

其中:

$$速动资产＝货币资金＋交易性金融资产＋应收账款＋应收票据$$

一般情况下,速动比率越高,企业偿债能力越强,但会因企业现金及应收账款占用过多而大大增加企业的机会成本。

② 长期偿债能力指标有资产负债率和产权比率两个。

$$资产负债率＝负债总额÷资产总额×100\%$$

一般情况下,资产负债率越小,表明企业长期偿债能力越强。从企业所有者来说,该指标过小表明对财务杠杆利用不够。企业的经营决策者应当将偿债能力指标与获利能力指标结合起来分析。

$$产权比率＝负债总额÷所有者权益总额×100\%$$

一般情况下,产权比率越低,企业的长期偿债能力越强,但也表明企业不能充分地发挥负债的财务杠杆效应。

(2) 运营能力指标

运营能力主要用资产的周转速度来衡量,一般来说,周转速度越快,资产的使用效率越高,则运营能力越强。资产周转速度通常用周转率和周转期(周转天数)来表示。

计算公式为:

$$周转率(周转次数)＝周转额÷资产平均余额$$

$$周转期(周转天数)＝计算期天数÷周转次数$$

$$＝资产平均余额×计算期天数÷周转额$$

(3)获利能力指标

常用的获利能力指标主要包括营业利润率、成本费用率、总资产报酬率等,分别从市场竞争力、成本控制能力以及资产利用效率的视角反映项目的获利能力。

(4)综合指标分析

综合指标分析就是将各方面指标纳入一个有机整体之中,全面地对企业经营状况、财务状况进行揭示和披露,从而对企业经济效益的优劣做出准确的判断和评价。综合财务指标体系必须具备三个基本要素:指标要素齐全适当;主辅指标功能匹配;满足多方信息需要。

6. 财务分析撰写过程中常见的一些问题

财务分析在整个商业计划书撰写过程中具有举足轻重的作用,但是在实践中经常会出现以下几类常见的问题:

第一,资金用途不够详尽。商业计划书撰写实践过程中,分析资金需求看似是最容易完成的部分,但大多数资金需求的分析只列示资金需求总量和粗略的用途分布,常见的形式是饼状图或者单一表格,以百分比的形式表现所需要的资金将用于哪些方面。事实上,资金用途分析做到这里还远远不够,资金用途分析应该做到尽可能详尽。比如大多数财务分析都会提及需要进行固定资产采购,占比为总资金需求的百分比为多少,而没有详细列示需要几台机器、具体的型号如何、市场采购价为多少,此类机器可能产生的耗材费用是多少、平均使用寿命为多少、平均每个周期的维护费用是多少,等等。

第二,财务预测没有合理划分周期。在学习理论知识之后,大多商业计划书的财务预测都会分阶段列示,但大多以短期、中期和长期为划分方式。这类划分方式存在的典型问题是没有将短期、中期和长期进行具象化,即短期是几年为限。因为不同项目、不同行业生命周期所经历的时间节点并非一致。因此在实践撰写过程中应该充分考虑项目自身的发展周期,将时间阶段进行具体划分。

(三) 融资计划

创业项目与投资人沟通的目的就是获取融资。一个好的市场创意和一个有潜力的市场机会要转化为具有现实价值和实体的企业,关键节点一定要有资金支持。因此,融资计划在整个商业计划书中占据着举足轻重的地位。

本节在剖析融资计划部分时着重分析两大问题:是否具有融资的必要性?如何打造一个优秀、高效的融资计划?围绕这两大核心命题,本节将探讨融资必要性、融资的优劣势、融资计划的关键内容、融资的主要方式等。通过本节内容,希望大家对融资计划的撰写规范形成相对全面的认识,并在此基础上对融资计划的撰写实践产生裨益。

1. 融资必要性

在讨论和学习融资计划之前,有一个先导性的关键问题需要思考:项目是否确实需要融资?即项目的初始团队是否真的缺钱并且需要获取外部资金支持以维系项目的生存运营?

之所以需要着重探讨上述问题,是因为关于新创企业存在两个误区:第一,所有的创业者都是缺钱的;第二,融资一定是因为项目缺乏启动初始资金。但事实上,上述两个结论长期以来被认为是创业管理研究中的两项伪命题。首先,并非所有的创业者及其团队都是缺钱的;其次,项目融资不代表项目真的缺乏初始资金。所以这里必须明确融资的两大基本功能:货币资源获取和非货币资源获取。因此,即便项目本身并不缺乏启动资本,亦可以通过融资达成相应目标。一方面,融资是企业吸引有实力、有资源的合作者的重要途径之一,通过融资达成合作关系,从而为项目后续获取非货币资源;另一方面,当项目的融资脱离生存需要的时候,将在融资谈判中占据更重要的主动权,从而为项目争取更有利的条件。下文将进一步剖析融资的重要意义。

首先,融资最直接的意义便是会给项目提供资金支持。一方面,项目存在资金短缺将难以成功落地并谋求生存发展;另一方面,即便项目初始资金并不短缺,合理的融资能够为项目的后续发展提供保险,为项目可能出现的风险提供资金方面的保障,使得项目不会在意外状况下因流动资金不足而面临困难。

其次,融资为项目的生存发展提供人脉资源和管理经验。投资人选择为项目投资通常包括三种意图:获取资金收益;帮助创业者实现价值;参与创业过程。基于上述三种意图,投资人提供必要的资金以促使项目发展,从而创造价值以满足自己获取收益的需要,还会为项目引流人脉资源,为其创业提供便利条件。此外,部分投资人会以合伙人的形式参与创业过程和经营管理,为项目注入管理经验。

最后,投资人从专业视角为项目可行性提供证据。投资人很多时候像是项目的点评者和审判者。并非每一个创业意向和每一份商业计划书都能获得专业投资人的青睐。因此,投资人注资的决策在一定程度上反映了项目的创意具备市场可行性和竞争力,也反映了投资人对项目团队及创业者执行能力的认可。反之,即便没有获得投资人的投资,在与投资人接洽的过程中获取关于投资人的项目反馈也是帮助项目成长完善的重要资源。

综上所述,不难得出以下两个重要结论:第一,融资对于项目生存、发展与完善具有重要意义;第二,是否具有融资必要性并不取决于项目是否具有足够的初始运营资本,即便资金相对充足,融资也具备重要意义。

2. 融资计划的内容框架

如上所述,融资对于任何一个项目,无论其是否缺乏初始资本,都具有重要价值。那么,如何才能写好一份融资计划以吸引投资人? 一份有效的融资计划应该包含哪些关键内容? 和财务分析一样,不同的项目因自身特点的差异性,其融资计划可以因项目而异,但融资计划也应遵循基本的内容框架以保证内容的完整性和专业性。通常来说,融资计划一般应包含融资方式、项目估值、资金用途、退出方案和对赌协议五个方面。下文将对融资计划内容框架中的五个部分进行详细的剖析,以形成对融资计划的系统认知。

(1)融资方式

融资方式是指企业融通资金的具体形式。融资方式越多意味着可供企业选择的融资机会就越多。企业融资的渠道可以分为两类:债务性融资和权益性融资。前者包括银行贷款、发行债券和应付票据、应付账款等,后者主要指股权融资。债务性融资构成负债,企业要按期偿还约定的本息,债权人一般不参与企业的经营决策,对资金的运用也没有决策权。权益性融资是指向其他投资者出售公司的所有权,即用所有者的权益来交换资金。这将涉及公司的合伙人、所有者和投资者之间分派公司的经营和管理责任。权益融资可以让企业创办人不必用现金回报其他投资者,而是与他们分享企业利润并承担管理责任,投资者以红利形式分得企业利润。

(2)项目估值

融资方式中的股权融资涉及一个重要问题,即项目估值。通常认为,项目估值是股权融资的核心问题。究竟估值多少才是最佳的选择呢?

 小链接

经典融资故事

刘自鸿当年 A 轮要 3 000 万美元的融资,找到真格基金的天使投资

人徐小平。当时的徐小平一听到他的项目要融资那么多钱,认为估得高,就打了退堂鼓,没有投资。而刘自鸿的柔宇科技在不断的发展中向人们展现了它的实力,不到两年的时间就第一个在全球发布了国际业界最薄、厚度仅 0.01 毫米的柔性显示屏,成为全球成长最快的"独角兽"之一。如今,柔宇科技价值 50 亿美元不止。

从上述故事中不难看出两件事:第一,融资之路往往充满波折;第二,对项目的估值过高或者过低都不是最好的选择。那么,究竟该用何种方式为项目估值呢?下面将介绍关于项目估值的常用方式。

第一种是按需估值法。这个方法其原理是从自身的资金需求出发对项目价值进行倒推。创业者可以计算出企业未来一到两年需要用的资金,来决定融多少钱。计算企业需要做几轮融资,再考虑一下愿意出让多少股权(初创公司建议给出 5%~20% 的股权最为合理)。

第二种是公司类比法。在同一个行业分类下,有对标的公司融资成功,对比对标公司在初始阶段价值多少钱,那么创始人可以参考这个数字来定位自己的企业。前提条件是,两家公司所在的行业、提供的产品或服务类型以及所拥有的资质资源都有可比性。这种方法就比较简单粗暴了,就是看看别人估值多少、融资多少,照搬到自己的企业来。

综上所述,初创公司早期融资的时候不要一味地追求高估值。投资人面对成千上万的项目,对每个阶段的企业融资情况都有自己的认识。因此,初创企业要做的就是通过合理的估值敲开投资人的大门,脚踏实地,稳扎稳打地发展企业才是明智之举。

(3)资金用途

该部分在财务分析部分已经进行了阐述,这里不再赘述。

(4)退出方案

融资退出机制是指风险投资机构在投资企业发展相对成熟或难以有发展前景的状况下采取的资产损失预防机制。其主要包含四种形式:股份上市、股份转让、股份回购和公司清理。

（5）对赌协议

对赌协议实际上是期权的一种形式。通过条款的设计，对赌协议可以有效保护投资人利益。在国外投行对国内企业的投资中，对赌协议已经在应用。对赌协议是收购方（包括投资方）与出让方（包括融资方）在达成并购（或者融资）协议时，对于未来不确定的情况进行一种约定。如果约定的条件出现，融资方可以行使一种权利；如果约定的条件不出现，投资方则行使一种权利。

3. 融资计划的影响因素

在市场经济中，企业融资方式总的来说可以分为两种，一种是内源融资，即将企业的留存收益和折旧转化为投资的过程；另一种是外源融资，即吸收其他经济主体的储蓄，以转化为自己投资的过程。我们清楚地明白，在企业进步和生产规模扩大的过程中，单纯依靠内源融资是很难满足企业的资金需求的，企业获得资金在很大程度上靠的是外源融资。内源融资资金产自企业内部，不需要实际对外支付利息或者股息，不会减少企业的现金流量；不需要融资费用，使得内源融资的成本要远远低于外源融资，可以有效控制财务风险，保持稳健的财务状况。因此，它是企业首选的一种融资方式。企业内源融资能力的大小取决于企业的利润水平、净资产规模和投资者预期等因素，只有当内源融资无法满足企业资金需要时，企业才会转向外源融资。

企业的外源融资由于受不同融资环境的影响，其选择的融资方式也不尽相同。但是可以遵循先选择低风险类型的债务融资，后选择发行新的股票这样的顺序。采用这种顺序选择融资方式的原因有：

一方面，负债比率尤其是高风险债务比率的提高会加大企业的财务风险和破产风险。另一方面，企业的股权融资偏好易导致资金使用效率降低，一些公司将筹集的股权资金投向自身并不熟悉且投资收益率并不高的项目，有的上市公司甚至随意改变其招股说明书上的资金用途，并且不能保证改变用途后的资金使用的获利能力。在企业经营业绩没有较大提升的前景下,进行新的股权融资会稀释企业的经营业绩,降低每股收益,损害投资者利益。此外,在我国资本市场制度建设趋向不断完善的情况下,企业股权再融资的门槛会提高,再融资成本会增加。

各种融资方式都有自己的优缺点,需要考虑实际影响因素,根据自身的经营及财务状况,并考虑宏观经济政策的变化等情况,选择较为合适的融资方式。需要考量的因素有:

首先,考虑经济环境的影响。经济环境是指企业进行财务活动的宏观经济状况。在经济增速较快时期,企业为了跟上经济增长的速度,需要筹集资金用于增加固定资产、存货、人员等,企业一般可通过增发股票、发行债券或向银行借款等融资方式获得所需资金;在经济增速开始出现放缓时,企业对资金的需求降低,一般应逐渐收缩债务融资规模,尽量少用债务融资方式。

其次,考虑融资方式的资金成本。资金成本是指企业为筹集和使用资金而发生的代价。融资成本越低,融资收益越好。由于不同融资方式具有不同的资金成本,为了以较低的融资成本取得所需资金,企业自然应分析和比较各种筹资方式的资金成本的高低,尽量选择资金成本低的融资方式及融资组合。

再次,考虑融资方式的风险。不同融资方式的风险各不相同,一般而言,债务融资方式必须定期还本付息,因此,可能产生不能偿付的风险,融资风险较大。而股权融资方式由于不存在还本付息的风险,因而融资风险小。企业若采用了债务融资方式,由于财务杠杆的作用,一旦企业的息税前利润下降,税后利润及每股收益下降得更快,从而给企业带来财务风险,甚至可能导致企业破产的风险。美国几大投资银行的相继破产,就是与滥用财务杠杆、无视融资方式的风险控制有关。因此,企业务必根据自身的具体情况并考虑融资方式的风险程度选择适合的融资方式。

第四,考虑企业的盈利能力及发展前景。总的来说,企业的盈利能力越强,财务状况越好,变现能力越强,发展前景良好,就越有能力承担财务风险。当企业的投资利润率大于债务资金利息率的情况下,负债越多,企业的净资产收益率就越高,对企业发展及权益资本所有者就越有利。因此,当企业正处盈利能力不断上升,发展前景良好时期,债务融资是一种不错的选择。而当企业盈利能力不断下降,财务状况每况愈下,发展前景欠佳时期,企业应尽量少用债务融资方式,以规避财务风险。当然,盈利能力较强且具有股本扩张能力的企业,若有条件通过新发或增发股票方式筹集资金,则可用股权融资或股权融资与债务融资两者兼而有之的融资方式筹集资金。

第五,考虑企业所处行业的竞争程度。企业所处行业的竞争激烈,进出行业也比较容易,且整个行业的获利能力呈下降趋势时,则应考虑用股权融资,慎用债务融资。企业所处行业的竞争程度较低,进出行业也较困难,且企业的销售利润在未来几年能快速增长时,则可考虑增加负债比例,获得财务杠杆利益。

最后,考虑企业的控制权。中小企业融资中常会使企业所有权、控制权有所丧失,而引起利润分流,使企业利益受损。例如,房产证抵押、专利技术公开、投资折股、上下游重要客户暴露、企业内部隐私被明晰等,都会影响企业稳定与发展。要在保证对企业相当控制力的前提下,既达到中小企业融资目的,又要有序让渡所有权。发行普通股会稀释企业的控制权,可能使控制权旁落他人,而债务融资一般不影响或很少影响控制权的问题。

小链接

摩根和蒙牛的对赌协议

摩根士丹利等机构投资蒙牛,是对赌协议在创业型企业中应用的典型案例。

1999 年 1 月,牛根生创立了"蒙牛乳业有限公司",公司注册资本 100 万元。后更名为"内蒙古蒙牛乳业股份有限公司"(以下简称"蒙牛乳业")。2001 年年底摩根士丹利等机构与其接触的时候,蒙牛乳业公司成立尚不足三年,是一个比较典型的创业型企业。

2002年6月,摩根士丹利等机构投资者在开曼群岛注册了开曼公司。2002年9月,蒙牛乳业的发起人在英属维尔京群岛注册成立了金牛公司。同日,蒙牛乳业的投资人、业务联系人和雇员注册成立了银牛公司。金牛和银牛各以1美元的价格收购了开曼群岛公司50%的股权,其后设立了开曼公司的全资子公司——毛里求斯公司。同年10月,摩根士丹利等三家国际投资机构以认股方式向开曼公司注入约2 597万美元(折合人民币约2.1亿元),取得该公司90.6%的股权和49%的投票权,所投资金经毛里求斯最终换取了大陆蒙牛乳业66.7%的股权,蒙牛乳业也变更为合资企业。

2003年,摩根士丹利等投资机构与蒙牛乳业签署了类似于国内证券市场可转债的"可换股文据",未来换股价格仅为0.74港元/股。通过"可换股文据"向蒙牛乳业注资3 523万美元,折合人民币2.9亿元。"可换股文据"实际上是股票的看涨期权。不过,这种期权价值的高低最终取决于蒙牛乳业未来的业绩。如果蒙牛乳业未来业绩好,"可换股文据"的高期权价值就可以兑现;反之,则成为废纸一张。

为了使预期增值的目标能够兑现,摩根士丹利等投资者与蒙牛管理层签署了基于业绩增长的对赌协议。双方约定,从2003—2006年,蒙牛乳业的复合年增长率不低于50%。若达不到,公司管理层将输给摩根士丹利约6 000万~7 000万股的上市公司股份;如果业绩增长达到目标,摩根士丹利等机构就要拿出自己的相应股份奖励给蒙牛管理层。

2004年6月,蒙牛业绩增长达到预期目标。摩根士丹利等机构"可换股文据"的期权价值得以兑现,换股时蒙牛乳业股票价格达到6港元以上;给予蒙牛乳业管理层的股份奖励也都得以兑现。摩根士丹利等机构投资者投资于蒙牛乳业的业绩对赌,让各方都成为赢家。

摩根士丹利对于蒙牛乳业基于业绩的对赌之所以能够画上圆满句号,总结归纳,该份对赌协议中有如下七个特点:一是投资方在投资以后持有企业的原始股权,如摩根士丹利等三家国际投资机构持有开曼公司90.6%的股权和49%的投票权;二是持有高杠杆性(换股价格仅为0.74

港元/股)的"可换股文据";三是高风险性(可能输给管理层几千万股股份);四是投资方不是经营乳业,不擅长参与经营管理,仅是财务型投资;五是股份在香港证券市场流动自由;六是蒙牛乳业虽然是创业型企业,但企业管理层原来在同一类型企业工作,富有行业经验;七是所投资的企业属于日常消费品行业,周期性波动小,一旦企业形成相对优势,竞争对手难以替代,投资的行业风险小。

二、写作训练

为你的项目商业计划书撰写财务分析和融资计划。于投资人来说,公司的财务状况是至关重要的,他们或许不熟悉技术,但是对财务和融资十分在行。财务状况分析的背后是公司运作是否顺利、运营管理是否有效、产品和服务是否获得市场认可这些基础性问题。所以在撰写时,一定要和前面的章节保持逻辑上的一致。

项目寻求初始投资或者项目扩张需要融资,财务分析与规划能给出需要融资的额度和融资后的具体用途,这也说明项目负责人对未来的发展有明确的战略规划。着眼未来的一段时间,项目能否获取财务收益,是投资者、潜在合作者以及大赛评委都很关心的内容。

关于这一部分,撰写时要回答两个问题:本项目做得怎么样? 未来哪些地方还需要多少资金? 在写作之前,回顾之前的章节,尤其是市场分析和运营管理那两个部分,紧紧围绕以下几个问题展开构思:

- 市场份额有多大? 客单价是多少? 年周转率是多少?
- 未来三年销售额预测为多少? 预计每年的增长率是多少?
- 相关成本如何估算? 税费大概范围有多大?
- 资产负债表、利润表制作需要哪些科目?
- 短期偿债能力指标计算结果是多少? 长期偿债能力指标计算结果是多少? 营运能力指标和盈利能力指标计算结果是多少?
- 目前短缺的资金数额是多少? 资金的用途是什么?

● 融资方式是什么？融资的具体计划是什么？资金推出方式是什么？

三、学生写作案例及问题诊断

下面向大家展示一个由学生团队撰写的商业计划书，从中截取了财务和融资部分，并向大家展示诊断结论。

（一）案例《新型水性可充电电池》

新型水性可充电电池是以锰酸锂纳米链材料为正极，以包覆了 PPy 的 $MoO3$ 纳米片材料为负极，以不可燃且价格低廉的水溶液（即用水作为溶剂的溶液）作为电解液的可充电锂电池。适用于电动汽车新能源和太阳能、风能发电站的能量储存和转换装置等。

......

第六章 财务分析

一、融资分析

1. 融资需求

为保证项目实施，五年内共需投入 1.5 亿元，以完成工厂建设、项目投产及将产品投放市场。

2. 融资类型

（1）权益融资：通过出让共 30% 的公司股份给投资人，以获得约 9 000 万元的资金支持。

（2）创业者自身及人脉融资：团队自身筹集约 4 000 万元。

（3）中小企业互助基金：通过申请中小企业互助基金并缴纳一定金额的风险准备金可获得 1 000 万～2 000 万元的互助基金。

（4）政府优惠政策：申请一次性创业补贴、创业场地补贴、创业基地运营补贴、创业项目补贴等。

3. 资金使用计划及进度

第一阶段：工厂建设

预使用钢结构框架,铝塑板为吊顶,防静电 PVC 材料为地板,轻钢龙骨石膏板隔断,建设约两万平方米的厂房,预估价 4 200 万元。

购买约 200 套智能化生产设备,主要包括隧道炉、点焊机、电流、电压、电阻测试仪等。预估价 4 000 万元。

第二阶段:产品生产

原料购买:购买正负极原材料锰酸锂、锌、电解液、纯净水以及阳离子交换膜等。预估价 4 800 万元。

研发成本:更进一步研究更加高效的电池。预估价 1 000 万元。

人工成本:支付员工基本工资、食宿、福利等。预估价 1 000 万元。

营销成本:广告费用。预估价 500 万元。

二、财务分析

1. 财务预算

年份(年)	2022	2023	2024	2025	2026
营业收入(万元)	0	7 500	15 000	22 500	47 000
营业成本(万元)	0	10 000	12 500	18 000	32 000
其他收益(万元)	13 000	5 000	200	0	1 000

2. 经济效益分析

每年生产水溶性电池 30 万件,经营分析预算:

每一件水溶性电池生产成本约 1 000 元,总生产成本为 3 亿元;

水溶性电池回收:每吨回收成本 3 500 元;

按不同销售渠道销售,每年所得:

分销销售:10 万件×单价 1 200 元=1.2 亿元;

与新能源汽车合作:15 万件×每一件的售价 1 500 元=2.25 亿元;

与 4S 店合作:5 万件×每一件的售价 2 500 元=1.25 亿元;

个性化设计方案价格随设计要求改变,每个方案基础价 10 000 元;

设备总功率 80 万 W;

生产每万件工资费:50 万元。

经济效益分析结果:

综合测算,每生产1件水溶性电池,能增加100元的效益;扣除工资等成本,每一件净收益50元,则年收益1.5亿元。

(二) 诊断结论

首先,在财务与融资分析部分,实践中大多数初学者经过学习和模仿,基本上都能在这一部分展现公司的财务信息、明确大致的资金需求,而在评估公司的价值、明确企业的未来经营目标上往往没有意识。如本案例中开始明确项目启动需要1.5亿元,其中通过转让30%的股权获取9000万风险投资,这就意味着项目的净现值估值至少要是3亿元以上。为了佐证这个数据,最好能够给出相关投资机构给出的估值依据,尤其是行业内有知名度和信誉的机构(见图6-2)给出的估值。

图6-2 知名风险投资机构

资料来源:https://www.maigoo.com/goomai/159835.html

在财务分析这一章节的写作中,大多数创业者本人不具备足够专业的财务会计知识,因此在本部分的财务报表不够全面,倾向于找外部人士合作;也由于作者是初学者,之前的章节缺乏详细的背景调查和市场调研数据,在本章节只是简单列示收入和利润信息。这会导致投资人怀疑财务信息的真实性和利润的可实现性。

　　该学生团队在进行财务分析的过程中,没有在正式的行文过程中列示出三大财务报表所包含的主要信息,以及没有使用合适的财务指标来分析该项目的偿债能力、运营能力和获利能力。每一个指标都需要具体数据的运算,同时在三大财务报表的列示过程中,对于利润的核算部分,关于成本的叙述需要准确表达,这一块绝对不可以省略。例如,在营销成本中仅仅描述为"广告费用",并预估价 500 万元,就暴露出写作财务部门的团队成员对项目的营销和战略不太了解,此类技术型产品的初期营销费用更应该投放在人员推销和渠道建设上,而非广告费用。除此之外,该团队在撰写财务分析过程中,没有一个明确的财务系统作为理论依据进行支撑。构建一个有效、科学、严谨的财务体系对财务系统的数据分析具有很强的保障性。

　　不难看出,该学生团队在融资计划中对工厂建设、原料购买等各项成本做了列示,但是科目不够详细,计算过程也不清晰,如缺乏项目估值和详细资金需求计算的基础。该团队在进行项目成本预算的过程中,数据陈列过于零散,需以一张表格的形式在正文中集中体现出本项目的成本结构,在修改时可以参考表 6-3 和表 6-4 的示例。团队在进行财务分析的过程中,只在正文中列示出了营业收入与营业成本以及营业外收入。在编制财务报表时,要与前面的运营部分逻辑一致:高新技术类项目重点显示研发成本;工艺流程类、生产经营类项目重点展示投资建造的成本;零售服务类项目重点展示日常运营成本和营销费用。这要与企业的未来经营目标和发展战略逻辑一致。这里,我们再次重申"文章是改出来的"。建议该商业计划书的写作者在修改时,紧扣项目类型,财务报表最好能体现 3~5 年的产品销售计划、项目的人才招聘计划、运营成本等科目。

表 6-3　费用预测表示例

年　份	设　备	市　场	原材料	管　理	营　销	财　务	合　计
2020 年							
2021 年							
2022 年							

表 6-4　收入预测表示例

		2020 年	2021 年	2022 年	合　计
产品系列 A	销售数量				
	平均单价				
	销售额				
产品系列 B	销售数量				
	平均单价				
	销售额				
产品系列 C	销售数量				
	平均单价				
	销售额				
合　计	销售总收入				

　　综上,该项目的财务部分,需要加强关键财务数据的预测,通过资产负债表、利润表和现金流量表来展现未来三到五年的财务状况,对盈利能力、经营能力与偿债能力三大核心能力的具体财务指标进行计算分析。在实际撰写商业计划书的过程中,融资渠道以及资金流向是一个项目具有投资价值的重要考量因素。请大家化身为投资方,如果你们是投资人,在对一个项目投资时,会把你们的资金投给一个融资渠道和资金流向不清不楚的项目吗? 显然是不会的,所以大家一定要在抓牢基本概念的基础之上,对这两个方面进行详细阐述,既让投资人放心为这个项目投放资金,也让作为运营这个项目的你,在财务上有一席竞争之地。对外部投资者的投资收益率进行预测,并且要检查与商业计划书其他章节的逻辑一致性。

第七章　风险应对与退出机制

风险分析和相应的退出机制是商业计划书中必须详细说明的重要部分。风险是每个项目、每位创业者无法忽视的因素，也是整个商业计划书中最容易被忽略的模块。纵观商业计划书的撰写实践，不难看出这个部分经常被流于形式或过于刻板化。然而，风险应对与退出机制实则是要对整个创业项目存在的潜在危机做出先期预测，并在此基础上提出切实可行、详尽具体的防范机制和止损方案。因此，风险应对和退出机制的提出不仅是在项目启动之初就为项目做了保险防范，同时也是对投资人和创业团队的负责。在某种程度上合理有效的风险应对和退出机制可以向投资人表明在项目最坏的情况下对投资人利益的保护，而这无疑能够在一定程度上提高投资人对项目的信心。据此，无论是在商业计划书撰写过程中忽视风险应对和退出机制模块，还是该模块在整个商业计划书中形式大于实质或者牵强附会、脱离现实，都是错误的做法。对于创业者而言，上述行为会使自己的项目缺失重要保障；对于投资人而言，上述行为会使其缺乏对项目的全面了解。因此，切实可行、具有价值的风险分析在整个商业计划书中具有至关重要的作用。本章将重点对项目可能面临的风险类型及其应对机制做出分析。

一、基础理论

通常来说，风险和不确定性被认为是项目的不利因素，会为项目带来消极的负面影响，这也是在商业计划书中不少创业者忽视该部分的重要原因之一。然而，创业的风险及其不确定性不会因为不在商业计划书中加以呈现就消失，风险是客观存在的，会贯穿整个创业过程。对于创业者和投资人而言，有效地预测、规避和应对可能出现的风险是重中之重。忽视该部分的分析无异于掩耳盗铃。同时，如前所述，因为风险管理的缺失意味着创业者对投资人的隐瞒和不负责任。因此，风险管理模块的缺失会极大地降低投资人对项目本身及创业者的信心。相反，理性分析项目存在的潜在风险和不确定性，并能够在此基础上利用外部环境的机遇和自身的优势，为项目的风险提出合理的应对措施和规避机制，将会成为项目的亮点之一。

除了客观性，风险的另一个重要特性是复杂性。这意味着在整个创业过程中可能面临的风险是多种多样的。以下先简要介绍风险的内涵及其分类，随后会对行业、政策、市场、技术和经营五类对创业过程产生重要影响的风险提供一些应对措施，并基于此构建商业计划书中风险应对模块的内容框架，为商业计划书撰写实践提供指引。

（一）风险类型

和项目相关的风险主要包含六类：人事风险、市场风险、政策风险、经营风险、技术风险和行业风险。下文将对上述六类风险进行简要分析。

1. 人事风险

人事风险不同于经济学范畴的风险，它是指由于经营管理上的不善和制度上的缺陷而导致员工层面对项目利益造成损害的可能性。人事风险发生的原因有直接和间接之分，这些原因可能是来自内部的或外部的因素。从项目发展对人才的需求角度来划分，人事风险主要包含资源分配不当、人事制度不合理与人员退出机制不完备。其中，资源分配不当主要指人才资源与项目需求不匹配的状况，主要包括数量和质量两个层面。其中，数量不当指项目人力资源过多或过少的风险，而质量不当指项目人才专业或水平与项目需求不匹配。人事制度不合理主要指人事制度缺乏对人员的激励而造成人才流失或工作动力不足，以及制度对人员的约束不足等。人员退出机制不完备主要指因人员退出保障不足造成的纠纷或因人员退出时保密不当对项目造成的信息损失等。

2. 市场风险

市场风险是指项目在运营过程中因市场情况变化而引发不确定性的情况。合法性风险是市场风险的首要风险,也是众多项目在从创意变为现实的重要决定因素。合法性因素是指市场对项目的接受程度。在创业过程中常见的一个悖论就是创业的合法性。当一个新的产品或服务推向市场时,其创新之处是市场竞争力的重要方面;但创新性过高,在产品或服务初入市场时,可能会被市场大众难以接受,并因合法性缺失最终面临危机。除了合法性风险之外,与产品相关的技术风险也是市场风险的重要类型。

3. 政策风险

政策风险是指政府政策发生重大变化或是有重要的举措、法规出台,引起外部环境的波动,从而给项目带来的风险。政策风险主要包括反向性政策风险和突变性政策风险。反向性政策风险是指市场在一定时期内,由于政策的导向与资产重组内在发展方向不一致而产生的风险。当资产重组运行状况与国家调整政策不相容时,就会加大这种风险。各级政府之间出现的政策差异也会导致政策风险。突变性政策风险是指由于管理层政策口径发生突然变化而给资产重组造成的风险。国内外政治经济形势的突变会加大企业资产重组的政策风险。

4. 经营风险

经营风险是由于生产经营变动或市场环境改变导致企业未来的经营性现金流量发生变化,从而影响项目的市场价值的变化。项目价值的变化程度取决于变动因素对企业未来销售量、价格和成本的影响程度。

5. 技术风险

技术风险是指伴随着科学技术的发展、生产方式的改变而产生的威胁项目发展的风险。

技术风险的种类很多,其主要类型是技术不足风险、技术开发风险、技术保护风险、技术使用风险、技术取得和转让风险。技术风险可依据工程项目风险定义进行等级区分。通常分为低、中、高风险三个等级。低风险是指可辨识且可监控其对项目目标影响的风险。中等风险是指可辨识的,对工程系统的技术性能、费用或进度将产生较大影响的风险。这类风险发生的可能性相当高,是有条件接受的事件,需要对其进行严密监控。高风险是指发生的可能性很高,不可接受的事件,其后果将对工程项目有极大影响的风险。

技术风险主要来自硬件设备和软件两个方面:

第一,技术创新所需要的相关技术不配套、不成熟,技术创新所需要的相应设施、设备不够完善。这些因素的存在,影响创新技术的适用性、先进性、完整性、可行性和可靠性,从而产生技术性风险。许多企业热衷于提高企业技术水平和科技含量,引进国外先进技术和设备,结果食洋不化,设备闲置,发挥不了效益。

第二,对技术创新的市场预测不够充分。任何一项新技术、新产品最终都要接受市场的检验。如果不能对技术的市场适应性、先进性和收益性做出比较科学的预测,那么,创新的技术在初始阶段就存在风险。这种风险产生于技术本身,因而是技术风险。这种风险来自新产品不一定被市场接受,或投放市场后被其他同类产品取代,所发生的损失包括技术创新开发、转让转化过程中的损失。这就是说,企业在技术创新上确实存在风险,并不是技术越先进越好。

6. 行业风险

行业风险是指由于一些不确定因素的存在,导致对某行业生产、经营、投资或授信后偏离预期结果而造成损失的可能性。反映行业风险的因素包括周期性风险、成长性风险、产业关联度风险、市场集中度风险、行业壁垒风险、宏观政策风险等。

行业风险主要是由行业寿命周期、技术革新、政府的政策变化等因素引起的。行业的寿命期是由开创期、成长期、成熟期和衰退期构成的。处于开创期行业的企业,有获取高额利润的可能性,但风险比较大;处于成长期行业的企业,利润增长较快,风险也比较小;处于成熟期行业的企业,利润进一步大幅增长比较困难,但风险仍比较小;处于衰退期行业的企业,要维持相应的利润比较难,且行业风险在不断增大。技术革新对行业风险的影响主要表现在:技术革新的速率、技术革新的广度和深度。当某行业的技术革新速率较快、技术革新广度较大、深度较深,该行业风险就会较大。行业风险还受到政府政策变动等因素的影响,尤其是政府的产业政策、财税政策、关税政策等的影响。此外,行业风险还受到其他因素的影响。行业风险具有比较明显的行业特征,一般只对相关行业的企业产生影响。

(二) 风险产生原因

经营风险就其形成的原因与结果来看,可分为以下两类。

1. 纯粹风险与投机风险

这两种风险的区别是风险所致的结果不同。纯粹风险所致的结果只有两种,一是遭损,二是无损。例如,企业经营中的运输风险、财产风险、职工安全风险。投机风险所致的结果有盈利、保本或亏损三种。例如,证券投资风险、外汇交易风险、营销风险等。

2. 静态风险与动态风险

这两种风险的区别是风险形成的原因不同。静态风险是指由于自然力量或人们的错误行为所造成的;动态风险则是由于经济或社会结构的变动所致。前者如地震、海难事件等,后者如汇率变动、税制改革、能源危机等。

对于正在迅速增长而社会环境又处于迅速变化之中的中国企业界来说,经营风险往往是由多种原因所致。因此,企业经营风险的对策也应是多元的。

(三) 风险识别

1. 四种常用识别方法

实践中,风险识别常用的方法包括头脑风暴法、德尔菲法、核对表法和流程图法(见图7-1)。这四种方法并非同时使用,而是结合使用,多轮使用。这一部分内容一般不会直接出现在商业计划书中,本书不再赘述,建议学生在平时参考相关书籍,注意知识积累。

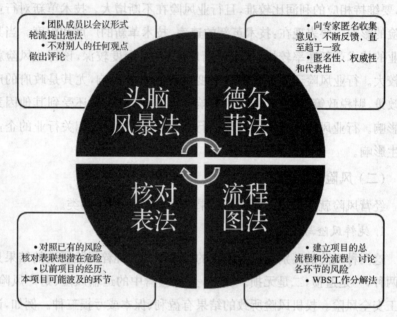

• 团队成员以会议形式轮流提出想法
• 不对别人的任何观点做出评论

头脑风暴法

德尔菲法

• 向专家匿名收集意见,不断反馈,直至趋于一致
• 匿名性、权威性和代表性

核对表法

流程图法

• 对照已有的风险核对表联想潜在危险
• 以前项目的经历、本项目可能波及的环节

• 建立项目的总流程和分流程,讨论各环节的风险
• WBS工作分解法

图7-1 风险识别方法

2. 风险因素表

在实践中,当风险识别结束后通常会编制风险因素表,明确潜在风险的类型及细节,同时,确认潜在风险的威胁程度,为后续风险分析提供定性基础。在风险因素表中要详细列示每一种风险类型及其具体细节,同时对其风险程度归类。

3. 风险估值

风险分析是对各种风险影响大小进行量化估计的过程。在风险分析中,风险影响、风险概率和风险值是三个重要概念。其中,风险影响是指一旦风险发生对项目造成影响的大小,比如可能的市场占有率损失、销售额的下降等;风险概率是指该风险发生的可能性的大小;风险值是对风险程度的量化估计。量化分析可以帮助项目确定每种风险的等级评定，从而确定需要重点关注的风险。风险值的计算公式为：

$$风险值＝风险影响 \times 风险概率$$

（四）风险应对

1. 风险应对的内容框架

在商业计划书中，所谓的风险模块其实质是指项目因为多样性的不确定因素的存在而导致的利益损失的可能性。提及风险应对的内容框架，首先要理清风险应对的流程（见图 7－2）。整个风险应对的流程主要分为以下五个阶段：风险因素识别，可能的风险事件判断，因风险因素和风险事件可能产生的损失预期，提出全面的风险管理措施，确定相应的风险管理目标。即有效的风险应对需要识别项目可能存在的风险因素并分析具体可能产生的风险事件，在此基础上对可能的损失进行预测并制定相应的止损方案，形成与止损方案相对应的预期目标体系，用于监测和反馈风险管理过程。根据上述流程，风险应对模块应该包含上述五个内容，并据此构成其内容框架。下文将对风险框架中的五个要素进行简要分析，以期形成对风险应对的系统认识。

图 7－2　风险应对流程图

（1）风险因素

风险类型是对风险因素的划分。风险因素是指可能导致项目产生损失的不确定因素。一个项目存在的风险因素越多，意味着项目的不确定性越大，因此而产生损失的可能性更大和严重性程度更强。项目可能面临的风险因素是复杂多样的，按照风险因素的性质，通常将其划分为客观因素和主观因素。下文将对两类不同的风险因素进行详细的阐述。

客观因素强调的是由项目自身发展情况而引起项目损失的因素。这类因素会在项目运营过程中有直观的呈现。具体来说，客观风险因素包括环境因素、主体因素、系统因素和管理因素四大类。环境因素指那些会对项目产生影响的外部环境，常见的环境因素包括政治因素、法律因素、经济因素、自然因素、社会因素、技术因素、人口因素和市场因素；主体因素是指因项目相关人员对项目产生影响的因素，常见的主体因素主要包括创业者因素、投资方因素、其他利益相关者因素和竞争对手因素；系统因素是指和项目运营过程相关的因素，如工期隐患、资金问题、信誉风险等；管理因素是指与项目管理过程相关的对项目产生影响的因素。根据管理的基本职能，常见的管理因素包括计划风险、组织缺陷、领导因素和控制因素。

主观因素主要指和个体道德水平、能力水平和心理状态相关的影响因素。常见的主观因素主要包含行为因素和过失因素两大类。行为因素是指因个体道德水平或能力水平不足而产生损失的因素，常见的类型主要包括信念感不强、不轨行为、责任感缺失、缺乏有效的判断力等；过失因素是指因个体失误或偏差导致损失的因素，如管理过失、操作失误、运营失误等。

（2）风险事件

风险事件与风险要素虽然内涵不同，但可能产生的结果却十分相似。常见的风险事件可以归纳为两大类：自然灾害类和经济危机类。其中，自然灾害类风险事件包括火灾、地震、龙卷风、洪水等，而经济危机类风险事件包括通货膨胀、金融危机等。

（3）预期损失

风险损失是指和项目相关的经济价值的损耗，通常以货币价值来判断损失的程度。风险损失通常可以划分为直接损失和间接损失两类。直接损失是指对项目本身造成的直接侵蚀，如项目场地损失等。间接损失是指因直接损失而带来的其他相关损失，如人员流失等。

（4）风险管理

风险管理是指对项目潜在风险预测并提出应对措施的过程，通常可以划分为风险识别、风险归类、风险测量、措施制定和风险应对五个阶段（见图7-3）。

图7-3　风险管理流程图

（5）预期目标

按照风险发生的时间阶段划分，风险管理的预期目标可以分为降低损失可能性、避免损失恶化以及降低实质损失（见图7-4）。

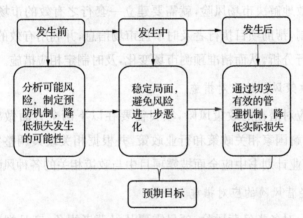

图7-4　风险管理的预期目标

2. 风险应对措施

如前所述，风险贯穿整个项目，因此预测、管理和应对风险变得尤为重要。如何对相应的风险提出完备的应对措施是风险管理模块的重要部分。下文将对行业、市场、经营、技术和政策五个方面的风险提出相应的应对之策。

(1) 行业风险的应对措施

从行业风险的内涵出发,要想有效地应对行业风险,需要从企业、产品和服务方面进行相应的提升和建设。

企业层面:企业要建立健全相应的市场调查机制和信息反馈机制,从而能够及时掌握市场发展变化的动态,了解行业发展的现状,分析目前产品和服务的市场满意度,从而及时查缺补漏,适时提升研发水平、进行产品创新、扩张产品市场、改善管理水平等。

产品和服务层面:在产品层面应从营销传统 4Ps 的角度,制定适当的产品和服务策略,及时、有效地满足市场需求。

(2) 市场风险的应对措施

要有效地解决市场风险,就需要建立一套行之有效的市场信息预测和反馈机制,帮助项目执行者及时掌握市场信息,并利用有效的方式对市场信息进行分析,从而精准预测市场变化,及时制定相应措施。

(3) 政策风险的应对措施

为了应对潜在的政策风险,项目需要在以下两个方面做出努力:第一,及时了解国家相关政策和行业政策,并根据相关政策调整发展规划;第二,在商业计划书中应全面披露项目中与政策相关的各种风险。

(4) 经营风险的应对措施

为了应对各类经营风险,项目需要从经营者视角、产品视角、宣传视角等方面形成健全的管理机制,以确保项目顺利运营。

(5) 技术风险的应对措施

为了有效防范技术风险,至少应从以下五个方面形成应对措施:

首先,重视技术方案的咨询论证,就技术方案的可行性进行研究,对项目方案的风险水平与收益水平进行比较,对方案实施后的可能结果进行猜测。

其次,应改善内部组织,建立有利于技术创新的生产过程组织。

第三,通过选择合适的技术创新项目组合,进行组合开发创新,降低整体风险。

第四,建立健全技术开发的风险预警系统,及时发现技术开发和生产过程中的风险隐患。

最后,建立健全有关技术治理的内部控制制度,加强对技术资产的监督治理。

(五) 退出机制

如上一章所述,对于投资人而言,在所投项目中获取最大化的利润是其关键目标,而退出机制则是对投资人利益的重要保障。因此,在商业计划书中提供完善的退出机制以确保其盈利是促使投资人资金注入的重要保障和关键动力之一。本节将以风险投资退出途径为中心,分析风险投资类型及其退出机制。

1. 风险投资类型

风险投资是投资人根据商业计划书为某个具有市场竞争力的项目投入风险资金,一方面帮助项目获得初始的启动资本,另一方面帮助投资人获得潜在的高收益。常见的风险投资人主要包括风险资本家、风险投资公司、产业附属投资公司和天使投资人。

理论界和实践界关于风险投资的类型有诸多划分方式,但沿用较多的是将风险投资划分为种子资本、前期资本、发展资本和并购资本四类。其中,种子资本往往是出现在项目启动前期的资本注入,其目标主要是帮助项目顺利落地实施,因此在四类资本中出现时间最早且收益最大;前期资本则是在项目运营的初期注入企业,主要是为项目的成长和发展提供资金支持;发展资本则是在项目的发展时期注入企业,其核心目标是帮助企业进一步完成推广计划以提升知名度,为项目的繁荣提供资金支持;并购资本则往往出现于那些不具备继续独立发展但仍有潜力的项目,通过并购为其获得新的生机。

2. 风险投资退出机制

常见的退出机制一般包括上市退出、并购退出、回购退出和清算退出四类。下文将对上述四种退出机制进行详细阐述。

（1）上市退出

上市退出是投资人退出机制中最常见的一种。上市退出是指通过将公司正式成为在证券交易所上市的方式将投资人股份转换为资金以退出对企业的管理和投资。这种方式不仅促进了项目的进一步发展壮大，而且最大限度地促使投资人的原始投入资本升值。然而推动项目成功上市并非是一件易事。一个公司想要实现上市退出至少要满足以下五个条件：第一，获得国家相关部门核准发行股票的资格；第二，公司的股本资金需要达到法定的 3 000 万人民币门槛；第三，企业在上市申请之前需要连续盈利三年；第四，企业需有符合法定要求的股东人数；第五，公司的年报需要符合财务法律法规的要求。

（2）并购退出

并购退出又包含兼并和收购两种形式。其中，兼并是指原本具备独立经营资格的两家及以上企业为了提高竞争力合并重组的形式；收购是指由一家企业购买另一家企业以获取其所有权的行为。在实践中，通常认为收购是实现退出的常用途径。

相比于其他三种退出机制，并购退出具有其显而易见的优势：

第一，相比于上市退出，并购的门槛较低且审查周期相对容易，不受发展阶段、企业规模和盈利数量的限制，能够在短时间内迅速地完成通过并购方式退出的目标；第二，投资人可在并购结束后迅速获得收益，变现时间较短。

（3）回购退出

相比于其他方式，回购退出对创业者而言大有裨益。回购退出是指由创业公司的管理层来回购投资人手中持有的股份，从而促使投资人获得收益并退出企业。通过回购退出，投资人的原始股份回到创业公司内部,可以在最大限度上保持公司经营和决策的主动权,从而避免股本侵蚀以及股份外流造成的后期管理纠纷和争端。但回购退出对创业企业的资金要求比较大,所以此类退出方式往往出现在具有稳定和雄厚资本的成熟期企业。

(4) 清算退出

在所有退出方式当中,清算退出本质最为特殊。因为清算退出往往发生在企业已经面临倒闭的关口,此时意味着投资人的投资失败,所以相比于前三种退出方式,清算退出不会给投资人带来利润,此时的退出机制是帮助投资人及时止损、降低损失。

综上所述,在制定退出机制时需要考虑投资人退出的原因,还需要考虑退出时企业所处的发展阶段,并确定最合适的退出方式(见图 7-5)。

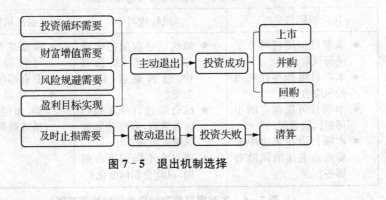

图 7-5　退出机制选择

二、写作训练

为你的项目(创意、企业或产品)撰写一份详细的风险应对分析和退出机制预案。俗话说,没有弱点是最大的弱点。因此,详细、合理的风险分析和有效的应对措施和退出机制能够帮助投资人(评委)树立投资信心,同时理性地分析项目可能存在的风险,也展示了创业者对项目和环境的把控力。在写作之前,需要紧紧围绕下列问题展开思考:

● 本项目拟用何种方法进行风险识别?

● 本项目可能存在的可控风险有哪些?

- 本项目可能存在的不可控风险有哪些？
- 本项目潜在风险中需要重点关注的风险有哪些？
- 如何结合前面的市场和环境分析，扬长避短、趋利避害、转危为安？
- 结合项目自身发展和运营管理，有哪些规避风险的措施？
- 项目在不同的生命周期，风险会如何变化？
- 在最坏情况下，可行的退出机制有哪些？
- 在项目的衰退期，如何收割市场或顺利转型？

在完成上述思考之后，如何把上述问题整合进商业计划书、把零散问题答案变成有逻辑的商业计划书呢？下面将提供一个可供参考的撰写框架（见图7-6）。

第七章　风险应对与退出机制		
风险识别与分析	风险应对	退出机制
• 本项目拟用何种方法进行风险识别？ • 本项目可能存在的可控风险有哪些？ • 本项目可能存在的不可控风险有哪些？ • 本项目潜在风险中需要重点关注的风险有哪些？	• 如何结合前面的市场和环境分析，扬长避短、趋利避害、转危为安？ • 结合项目自身发展和运营管理，有哪些规避风险的措施？ • 项目在不同的生命周期，风险会如何变化？	• 在最坏情况下，可行的退出机制有哪些？ • 在项目的衰退期，如何收割市场或顺利转型？

图7-6　本章撰写框架和思考问题的关系图

三、学生写作案例及问题诊断

下面将展示一组学生的实践作业，从中截取风险应对和退出机制部分，在这组作业中突出反映了风险应对和退出机制部分在实践中存在的一些共性问题。

（一）案例《互联网经济下新能源汽车的同城共享模式平台》

随着共享经济的不断发展，结合新旧动能转换政策的出台，如何更好地发展共享经济,使之成为促进经济增长的新切入点,是经济发展的方向和趋势。其中,出行方式的共享作为共享经济产业的代表,引领着共享经济的发展,由原来发展迅猛的共享自行车、共享电动车到现在的共享汽车,改变了人们的生活方式,一定程度上缓解了城市交通拥堵问题。以新能源汽车为代表的共享汽车,成为一种绿色方便的交通工具。但是,随着共享汽车的大规模布局和投入,共享汽车存在着一些危机状况,许多问题也随之而来,如取车难,还车难,借还步行远,运营成本高,车位稀缺、停车不便,对不良商家投诉无门,等等。

因此,提出"互联网经济下新能源汽车的同城共享模式平台"的项目。请思考该如何进行风险分析。

……

第七章　风险分析

一、风险预估

1. 进入市场初期,我们的产品受众人群较少。消费者对于新能源共享汽车的安全性、实用性、可靠性产生怀疑,面对新型共享汽车较难快速相信并使用。

2. 前期寻找沿途便捷充电桩、共享汽车停放地点较困难。

3. 对于中途临时出现故障的汽车,问题处理上还不够全面和完善,无法中途自动修复,会一定程度地影响消费者体验。

4. 随着时代发展出现同类型竞争者,风险投资人会对我们的经营效果更加严格考评,客户选择多样,融资困难。

5. 加盟者出现服务或质量下降影响口碑的情况。

6. 核心雇员离职技术泄漏和投资股东撤资的风险。

二、应对机制

1. 在使用初期面向大众寻找部分试驾用户(在后期给这部分用户相应的优惠),由这部分用户给予客观评价和试驾体验,在新媒体平台推广并由试驾用户进行推广,建立口碑。同期寻找明星代言。

2. 在加油站、商场等附近寻找合适地块，或尽量以可接受价格与加油站、商场等形成合作，填入充电桩与停靠地点。

3. 与保险公司合作进行车辆上险，在车辆行驶过程中购买"安心出行"险的用户可在汽车故障后把汽车停靠在安全地点并上报 App 后自行离开。

4. 细化服务，开展其他多样服务，与各类合作商达成长期合作以降低价格，同时与相关行政部门（如工商税务交通等部门）打好关系，尽早得知政府政策变化，以便做出调整。

5. 对加盟者严格管理把控，进行级别管理。对汽车品牌开放部分权限，高级加盟者才可获得高级汽车放用权限。

6. 对于同一投资股东，实施多人同时对接一人政策，每人负责区域权限不同，互相制衡。

（二）诊断结论

上述撰写案例取自学生的真实作业，主要问题是风险识别不全面、风险程度未识别、缺乏时间趋势和措施不完备。具体来说：

第一，风险分析不够全面且过于口语化。比如，案例中罗列的六条风险并未进行风险类型的划分，只是口语化的描述。

第二，风险程度未识别。创业永远是机遇与风险并存的过程，风险不可能消失，也不可能完全避免。因此，在所有识别的风险类型中需要估算每种风险的影响力，为风险评级，核心关注对项目具有重大影响和发生概率极大的风险类型。

第三，该部分的撰写没有结合项目的发展阶段将风险类型细化。项目在初期、中期和后期所面临的风险一定是在变化发展的，而上述案例中撰写者没有对此进行相应区分。

第四，未涉及退出机制的相关内容。学生普遍认为风险是项目的不利因素，因此在撰写本部分时，避重就轻或者刻意忽略显而易见的风险，以期提高项目的竞争力。事实上，最大的弱点是没有弱点，同时，显而易见的风险是投资人可以清醒分析和判断的，企图通过在商业计划书中不写或少写风险以提升竞争力无异于掩耳盗铃，不仅不会达到预期效果，甚至会因为该部分缺失而使投资人质疑创业者的诚信和对环境的把控能力，从而降低投资人的信心。因此，全面、客观地分析和展示项目可能的风险，同时寻求有效的风险规避措施、建立及时的风险应对预案、形成可行的风险退出机制至关重要。

第八章　路演训练

路演(Roadshow)最初是国际上广泛采用的证券发行推广方式,指证券发行商通过投资银行家或者支付承诺商的帮助,在初级市场上发行证券前针对机构投资者进行的推介活动,是在投资、融资双方充分交流的条件下促进股票成功发行的重要推介、宣传手段,促进投资者与股票发行人之间的沟通和交流,以保证股票的顺利发行,并有助于提高股票潜在的价值。而对于创业者而言,路演是尽可能讲解、宣传、展示自己的创业项目以获取投资人青睐或其他相关资源的一种重要方式。

一、基础理论

对于创业者来说,路演最常用的方式是以商业计划书为蓝本,将其在公开场合进行宣讲以促使更多的人了解相关信息。可以说,一场有效且成功的路演能够帮助创业者更大可能地获取重要资源以保证项目的顺利实施,因此,路演在完成商业计划书的撰写与项目最终落地之间构建了一座十分重要的桥梁。那么,如何才能创造一个完美的路演? 路演的推进需要哪些辅助因素? 本章将着重回答上述问题,以期为有效路演的进行提供基本的理论框架和指导,从而促使路演实践的完善。

(一) 路演资料

路演作为项目的重要宣传手段之一,其关键目的有两个:第一,使项目所提供的产品和服务能够进入公众视野;第二,吸引潜在投资人的兴趣以促进融资合作。为了达成上述两个目标,在路演进行之前需要精心准备所需材料。通常来说,一个路演的顺利推进往往需要准备以下四类材料:Word 版的商业计划书;PPT 版的商业计划书;与项目相关的其他宣传资料(视频和宣传彩页);项目产品和服务的展示、体验。

1. Word 版的商业计划书

该类材料是本书重点关注的部分,因为该材料是 PPT 版商业计划书的基础,也是路演时的逻辑导向。然而,该类材料并非在所有路演中都需要实际提供。Word 版的商业计划书在很大程度上是对整个项目的全面反映,即便是项目细枝末节的信息在商业计划书中都能得到体现。因此,在实际的路演当中,该类材料更多的是作为路演展示者的提纲。但在与投资人对话和沟通的过程中,该类材料往往会被要求出示,因为 Word 版的商业计划书通常被认为是整个项目可行性推演的重要证据。

2. PPT 版的商业计划书

该材料几乎是一切形式的路演所必备的基础和核心资料,是在路演过程中一定会呈现给听众的材料。PPT 版的商业计划书以 Word 版的商业计划书为基础,Word 版的商业计划书通常需要极尽翔实具体,而 PPT 版的商业计划书要在反映整体结构的基础上突出重点。

3. 其他宣传材料

在路演中,除了 PPT 的展示之外,还有一些辅助的宣传资料,这里将重点介绍短视频和宣传彩页。短视频作为一种宣传辅助材料具有 PPT 不可替代的优势。如果说 PPT 展示的重点在于提纲挈领式地让听众对项目形成全面认知,那么短视频则可以以声音、图片、效果等多元冲击使听众对项目的某些重点内容形成强烈的思维印记。在短视频展示中,可以是对产品和服务的展示,亦可以是对项目理念的展示,还可以是对项目核心团队的展示,甚至可以是请一些具有知名度的人物或者行业大佬来为项目录制宣传视频。总之,不同于 PPT 版商业计划书展示时相对严格、规范的内容和结构要求,短视频则可以不拘泥于内容、形式,一切想要突出的项目的特色,一切对项目有利的真实宣传都可以通过短视频的形式得以呈现。另一类辅助宣传材料则是彩页，彩页相比于其他的现场展示而言具有一个重要的优势，就是可以被听众带走。这就意味着只要听众愿意，彩页将可以在路演结束之后依然对听众起到影响和提示作用。

4. 产品和服务展示、体验

路演的一个重要目标是吸引潜在消费者的兴趣，而不同于投资人的视角，消费者最关注甚至是唯一关注的项目要素就是产品和服务。因此，在路演过程中，对产品和服务特性的全面展示，吸引消费者的兴趣，甚至是促使消费者现场进行体验，是路演效果达成的重要辅助手段之一。

（二）PPT 版商业计划书的撰写原则

什么样的商业计划书才是一份优秀的计划书？PPT 版商业计划书需要满足哪些条件才能有效地实现路演目标？下文将对 PPT 版商业计划书的基本原则和关键要素进行详细阐释。

1. 开门见山、直入主题

在 PPT 版商业计划书中，开门见山是第一要义。根据心理学中"首因效应"理论，一份商业计划书和一次展示的效果在很大程度上取决于展示的第一印象。如何在极短的时间和篇幅之内唤起听众或者投资人的兴致显得十分重要。因此，在一次路演中，PPT 的前两至三页内容往往成为成功的关键一步。通常 PPT 的前三页应包含以下内容：封面、项目简介、项目特色与优势。这也是之所以将 PPT 制作的第一原则称为开门见山的原因。不同于本书介绍 Word 版商业计划书撰写的模式，在 PPT 展示中项目优势与特色需要在展示的开始就立场鲜明地亮出，至于为什么这些优势和特色是成立的可以放在后面竞争分析中详尽说明。换言之，PPT 制作需要在开头部分遵循写作的"总—分"结构。

PPT 的封面在制作过程中需要包含三类信息：第一，名称信息（项目名称、所属公司以及相关 Logo），项目名称可以参照有影响力的大赛获奖信息,如表8-1所示的第七届中国国际"互联网＋"大学生创新创业大赛总决赛(简称"互联网＋"大赛)高教主赛道获奖部分名单;第二,项目定位关键词;第三,宣传语(可以用于传递项目核心价值等)。

表 8-1　第七届"互联网＋"大赛总决赛高教主赛道获奖项目名称示例

奖　项	参赛项目	省　份	学　校
冠军	中科光芯——硅基无荧光粉发光芯片产业化应用	江西省	南昌大学
亚军	中发天信——万米高空无人守护者	北京市	北京航空航天大学
季军	Goprint——多功能智能打印机先行者	浙江省	浙江大学
金奖	霸蛮:无界餐饮的数字化实践	北京市	北京大学
金奖	专铸科技——智能仿生义肢康复产品	北京市	清华大学
金奖	科宁多元醇:多元糖醇引领者征战万亿星辰蓝海	江苏省	南京工业大学
金奖	热之熵——耐极温超绝热复合材料	江苏省	南京工业大学

在项目简介和项目优势的展示部分,要注意将核心定位、业务范围、项目优势、投资价值等进行展示,言简意赅地突出项目是做什么的,项目要做的事情紧迫且可行,项目一旦做成的价值是什么。

2. 结构完整、重点突出

不同于 Word 版本的商业计划书的极尽翔实具体,PPT 版本的商业计划书要在完整性和重点性之间进行权衡。完整性主要表现在整个逻辑结构方面,即应该相对完整地展示计划书的版块以显示逻辑清晰、思虑完善且具备专业性和严谨性;而重点性则主要表现在两个方面:第一,重点板块突出;第二,讲解重点突出。在路演过程中,一方面要注意信息分布的重点突出,将听众和投资人关心的内容重点讲解;另一方面要在整个PPT 中突出重点板块和重点内容。

3. 形神兼备、美观专业

整个商业计划书的基础和底气一定是商业计划书中所呈现的专业、严谨的逻辑分析以及展示人的专业素养。要想做到形神兼备,使用统计数据、实验室数据、行业数据等来支撑商业计划书的观点就必不可少,而冰冷的数据如何展示给受众,就需要大量统计图表的知识。"数据可视化"是大数据领域的热词,其含义就是将数据转换成图或表等,以一种更直观的方式向受众展现。通过可视化的数据,既能体现商业计划书有现实数据支撑而非空谈,又能体现商业计划书和 PPT 的美观性。总之,在 PPT 制作过程中,既不能觉得 Word 版本已经详细认真地呈现了所有细节,在 PPT 中就忽略内容核心,只关注美观;也不能只做好内容而忽略美观性的基本需求。

(三) 常用的各类图表

商业计划书是一种用来获取风险投资人、评委、潜在合作者关注的工具。生理学家已经证实,人类在原始的野外丛林生存环境中,通过"分心"来保持对周围环境的警觉,避免被其他生物体伤害,优胜劣汰使得"分心"本能以神经元回路存在于大脑中。如今,人类生存的物理环境早已经有了保障,而无处不在的互联网信息环境使得人们保持对事物的注意力变得十分困难。因此,"注意力经济""抓眼球""博关注"等词汇才会应运而生。风险投资人、评委、潜在合作者每一周都会看到大量的商业计划书,博取他们的眼球可不是一件容易的事情。他们很可能在三秒之内就决定会不会看面前的这本商业计划书。因此,在撰写商业计划书时,要牢记"三个 3"原则,时刻提醒自己要从读者视角出发思考如何展现自己的项目。这"三个 3"原则可以说是一种适用于应用文通用的原则,比如申报基金项目、写作毕业论文、撰写市场调查报告或可行性报告、撰写策划案等。

- 3 秒钟:一眼爱上,想见它
- 3 分钟:重点端详,思逻辑

● 3 小时：仔细观察，找漏洞

注意力实际上是从人脑出发，面对外部环境，主动选择去聚焦某一刺激物，同时又屏蔽其他刺激物的能力。人脑天然地具有趋利避害的倾向，所以总是倾向于"让人即时愉悦和容易处理的信息"，避免"费时费力难以处理的信息"。可以想象成，人脑中存在有"脑资源实时处理器"，在几种任务中挑选出最重要的优先任务。总体来说，学者们已经证实，图片比文字更能够引起受众的注意，新奇的事物比熟悉的事物更能够引起受众的注意，与受众自我相关联的事物比无关的事物更能够引起受众的注意。因此，我们在撰写商业计划书时，要通过使用图表来获取受众的注意。常用的图表有以下几种分类方式。

1. 数据之间关系

第一种是趋势类图表，如面积图、折线图（见图 8-1）、堆叠面积图（见图 8-2）和漏斗图。这一类别图表用于表达数据随时间或者其他有序类别而变化的趋势，比如用折线图表达股票价格变化的趋势。在商业计划书中，进行市场（行业）分析时，常用折线图表达行业变化趋势，用漏斗图表达客户（流量）转化的比率等。

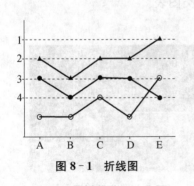

图 8-1 折线图

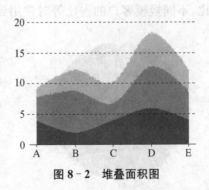

图 8-2 堆叠面积图

第二种是比较类图表，如玫瑰图（见图 8-3）、柱状图、雷达图（见图 8-4）、条形图、玉环图、词云图等。这一类图表通过图形的长度、宽度、颜色、位置、面积等来对比数据，这在商业计划书撰写中十分常见，比如用柱状图表示年销售额、年利润额等财务数据,用雷达图来对比不同竞争对手在关键属性上的数据,用词云图来比较客户评价或媒体报道文本。

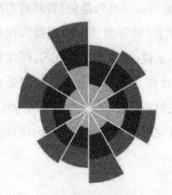

图8-3 玫瑰图

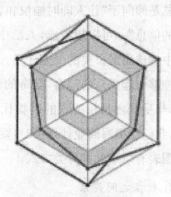

图8-4 雷达图

第三类是占比类图表,如饼状图(见图8-5)、环形图、堆叠柱形图、矩阵树图(见图8-6)等。这一类图表通过图形的面积、颜色、位置来展示数据内部的组成结构,刻画同一个维度上不同类别之间的占比。比如在商业计划书中,描述企业销售收入的来源、企业成本各种支出的占比、不同规模客户的占比等时常用到这类图表。

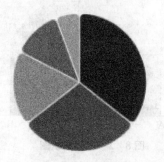

图8-5 饼状图

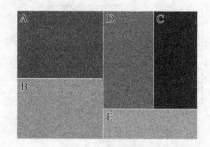

图8-6 矩阵树图

第四类是分布类图表,如箱线图(见图8-7)、直方图、散点图、气泡图(见图8-8)、热点图、韦恩图等。这一类图表通过图形的面积、颜色、位置来展示一组数据分布情况的图表,比如箱线图经常用来展示股票价格、生产企业的品质管理、人事测评等。在撰写商业计划书时,经常用气泡图来展示不同竞争对手在不同维度上的差异,有助于展示创业机会。

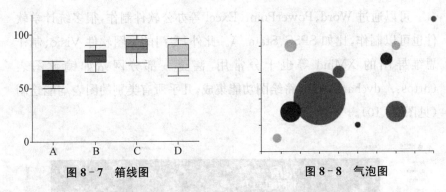

图 8 - 7　箱线图　　　　　　　　　　图 8 - 8　气泡图

此外,为了将某一个数值,如温度、速度、增速、进度、客户满意度等指标用比较美观的方式展示出来,会用到"仪表盘"这种图形(见图 8 - 9)。顾名思义,就是用仪表盘直观地表达出来。

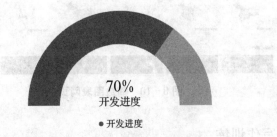

图 8 - 9　仪表盘使用示例

2. 图表形态变化

根据图片是否发生形态变化,分为静态图表和动态图表。以上所说的四类图表都是静态图表;而将多张静态图表叠加,设置局部或整体图形的变化时间,就可以获得动态图表。换句话说,静态图表是一帧图像,动态图表由多帧图像组合而成,因此静态图表占用的内存比较小,动态图表占用的内存比较大。互联网技术的发展,使得图片制作和储存越来越容易,一些反映趋势变化的图表可以用动态图来表达,效果更为直观一些,比如用动态条状图来表达不同时期企业排名的变化。

3. 图表制作方法

可以通过 Word、PowerPoint、Excel 等办公软件制作,很多统计学软件也可以制作,比如 SPSS、Stata 等。此外,专门的画图软件 Visio、制作思维导图的 XMind 等也十分常用,甚至一部分网站如镝数图表(https://dycharts.com)将绘图功能集成,几乎所有类别的图表均能绘制(见图 8 - 10)。

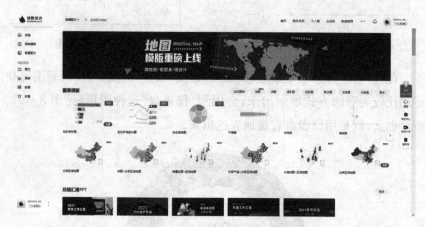

图 8 - 10 镝数图表网页

二、写作训练

为你的项目商业计划书必要的地方添加图表美化一番,并设计汇报路演 PPT 一份。图表比起文字更能够吸引投资人(评委、潜在合作者)的关注,因此要从“博取对方眼球”的角度使用一些新颖美观的图表。而另一方面,图表往往大多和数据、流程、关系、结构、层次相关,所以请你重新回顾自己撰写的商业计划书,将有数据、流程、关系、结构、层次之处突出显示,并思考用什么样的图形来表达它们。

还记得第二章所提及的商业计划书七大问题吗？路演汇报就是用最直观的、最吸引人的方式向投资人(评委、潜在合作者)表达与项目有关的七大问题。在具体制作之前，请你重新回顾自己撰写的商业计划书，需要紧紧围绕七大问题，进一步展开构思，并在 PPT 完成之后撰写与每一页幻灯片一致的演讲稿。

- 本项目(企业、产品、服务)是做什么的？产品层次、产品系列组合、产品未来发展可以用什么图表？如何表达客户的痛点和产品定位？

- 本项目是怎么做的？行业分析、市场分析、工艺流程、商业模式可以用什么类型的图表？如何表达项目前期已经有了相当的积累？

- 团队做得怎么样？技术优势、获奖证书、专利合同、财务数据用什么图表？如何表达团队能把该项目做好？

- 是什么人做的(即团队)？团队成员、专家顾问、其他人员用什么图表？如何表达团队有丰富的行业经验？

- 本项目(企业、产品、服务)市场有多大？市场规模、细分市场选择、行业发展趋势用什么图表？如何表达项目未来发展的潜力？

- 本项目(企业、产品、服务)的竞争情况如何？和竞争对手相比，本项目的产品、服务、品牌、价格、工艺等有什么优劣势？用什么图表能表达本项目的优势？

- 本项目(企业、产品、服务)运营的资金缺口是多少？怎么融资？融资后用途是什么？用什么图表表达未来能够有令人满意的盈利？

- PPT 开头如何引起听众的注意？中间如何防止听众分心？最后如何升华结尾？

- 七大问题如何布局？先后顺序如何？

- 能不能融入创业者的故事、令人印象深刻的新闻报道？

三、学生写作案例及问题诊断

下面向大家展示一个由学生团队撰写的商业计划书《"随你心衣"旧衣改造工作室》，从中截取了路演的封面部分，向大家展示诊断结论。

(一) 案例《"随你心衣"旧衣改造工作室》

低碳从旧开始,"随你心衣"旧衣改造工作室提倡"节约环保,变废为宝"的消费理念,将旧衣改造和个性打造相结合,向个性服装店提供优质的改造服装,向需求人群提供改造服务,以满足人们追求个性和趋理性的消费心理。旧衣改造不只是传统意义上的改衣服尺寸,在接受能把旧衣服改造加图案修剪花样的同时,也能把不需要穿的旧衣服改成你心目中想要的东西,如改成娃娃,改成笔袋,改成包包,我们会在这些东西上添加些所需要的装饰,使成品更加美观。以下是该项目课程汇报的汇报路演的部分PPT:

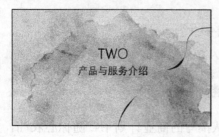
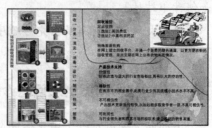

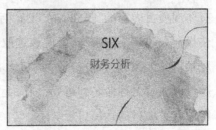

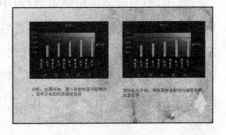

（二）诊断结论

上述 PPT 封面来源于学生的真实作业，上述封面是很多新手在制作商业计划书封面时常常出现的情况，结合本章所学内容不难看出上述封面存在较多需要修正的文图，如下所示：

首先，封面上映入眼帘的首先是正标题为"商业计划书"，副标题中才有体现项目内容的"随你心衣"四个字。事实上，在汇报路演中，要快速抓住投资人和评委的眼球，就应该选取引人入胜的正标题，随后用副标题解释项目的大致方向，可修改为"随你心衣——旧衣改造工作室"。封面标题仅以项目名称命名即可，无须加上"商业计划书"字样，且需要出现项目定位或者项目的宣传口号。

其次，如果已经注册公司，封面中要出现所属企业的名称，所属企业的名称意味着合法性的商标和税务注册，意味着投资人是对一个符合国家法律规定的组织进行注资，因此在封面中应该提及所属企业名称；创业者的基本信息需提供 1 至 2 名核心团队成员的姓名，还需要附上电话号码、电子邮箱、联系地址等一切能够让对项目有兴趣的人尽快联系上的方式。

　　在 PPT 的目录部分,可以看到包含了商业计划书的基本模块,但是八个部分显得数量过多且内容杂乱。从人的认知角度来看,大脑接收的信息不能超过七个模块。且受路演时间限制,汇报者讲好五个模块就实属不易,需要进行取舍后,去粗取精地汇报。PEST 环境分析部分可以与客户痛点放在一个模块,产品与服务介绍可以与营销战略结合在一个部分讲,运营管理后面紧接着谈企业的愿景,财务与融资放在一个模块讲。

　　在重点内容上,这一份 PPT 缺乏必要的图表,看起来就有点杂乱,没有重点。比如说,旧衣改造的行业和市场分析,需要用图表来描述市场有多大,市场规模、细分市场选择、行业发展趋势如何;和竞争对手相比,本项目的产品、服务、品牌、价格、工艺等有什么优劣势;运营的资金缺口多少,怎么融资以及未来三年的发展规划。此外,店铺运营如果是线下开店,还需要选址的数据和地图。

　　此外,这个项目是典型的"零售服务业"项目,所以项目成败的关键在于运营管理。建议在管理运营团队、技工招聘方案、管理运营制度等内容方面多做思考,运用商业模式画布等工具反复推演,测算达到盈亏平衡点的销量,再进行营销策略和商业模式的设计。

参考文献

[1] 韩树杰.创业地图:商业计划书与创业行动指南[M].北京:机械工业出版社,2020.

[2] 胡华成,丁磊.商业计划书编写实战[M].北京:清华大学出版社,2017.

[3] 斯蒂芬·A.罗斯.财务管理[M].张敦力,等,译.北京:机械工业出版社,2021.

[4] 王永贵.市场营销[M].北京:中国人民大学出版社,2019.

[5] 国家科技风险开发事业中心.商业计划书编写指南[M].第2版.北京:电子工业出版社,2019.

[6] 胡华成,丁磊.商业计划书编写实战[M].第2版.北京:清华大学出版社,2020.

[7] 王琪.商业计划书写作与通用模板[M].北京:人民邮电出版社,2021.

[8] 邓立治.商业计划书:原理、演示与案例[M].第2版.北京:机械工业出版社,2018.

[9] 布莱恩芬奇.如何撰写商业计划书[M].第5版.邱墨楠,译.北京:中信出版社,2017.

[10] 蓝海林.企业战略管理[M].第3版.北京:科学出版社,2018.

[11] 沈建红,王万竹.创新创业营销实战[M].南京:南京大学出版社,2021.

[12] 刘巧."955"网络社区创业计划书[D].成都:电子科技大

学,2021.

[13] 曹骁文.SH 环保设备有限公司商业计划书[D].大连:大连理工大学,2021.

[14] 屈丽丽.元宇宙:一场全新的"商业机会版图"[N].中国经营报,2022-02-21.

[15] 戴飞铭,舒良荣.基于商业计划书模块构建高职机械专创融合实践教学体系[J].科技创新与生产力,2020(06):38-42+46.

[16] 龚文.如何撰写商业计划书之二:怎样写商业计划书的摘要[J].国际融资,2002(01):54-56.

[17] 陈工孟,孙惠敏.商业计划书[M].北京:经济管理出版社,2017.

[18] 秦艺芳,邓立治,邓张升.大学生商业计划书演示课程模块设计与关键环节研究[J].大学教育,2018(07):14-16.

[19] 付八军.引领教学革命:创业型大学的时代使命——教学服务类创业型大学解读[J].高校教育管理,2019,13(04):117-124.